# 青少年花样跳绳实例指导

主　编：彭　硕　林秀珍
副主编：刘　毅　范大维　武　庆　方正涛

北京体育大学出版社

**策划编辑**：韩培付
**责任编辑**：米　安
**责任校对**：仝杨杨
**版式设计**：水分子

**图书在版编目（CIP）数据**

青少年花样跳绳实例指导 / 彭硕, 林秀珍主编. -- 北京 : 北京体育大学出版社, 2025.2
ISBN 978-7-5644-4043-5

Ⅰ. ①青… Ⅱ. ①彭… ②林… Ⅲ. ①跳绳 – 小学 – 教学参考资料 Ⅳ. ①G623.83

中国国家版本馆CIP数据核字(2024)第041126号

青少年花样跳绳实例指导
QINGSHAONIAN HUAYANG TIAOSHENG SHILI ZHIDAO　　彭　硕　林秀珍　主编

出版发行：北京体育大学出版社
地　　址：北京海淀区农大南路1号院2号楼2层办公B-212
邮　　编：100084
网　　址：http://cbs.bsu.edu.cn
发 行 部：010-62989320
邮 购 部：北京体育大学出版社读者服务部 010-62989432
印　　刷：北京科信印刷有限公司
开　　本：710mm × 1000mm　1/16
成品尺寸：170mm × 240mm
印　　张：8
字　　数：152千字
版　　次：2025年2月第1版
印　　次：2025年2月第1次印刷
定　　价：28.80元

# 编　委　会

# 前言

儿童和青少年时期是人体发育的关键阶段，适当的身体锻炼对儿童和青少年的身心健康至关重要。然而，如何进行适宜、有效的运动对儿童和青少年来说常常是一种挑战。

本书围绕推动习近平新时代中国特色社会主义思想和党的二十大精神扎根农村、深入校园，深入把握儿童和青少年的身心特点和习惯，引导儿童及青少年通过适当的体育锻炼，形成强身健体的习惯，树立终身体育的思想，提高身体素质，促进德智体美劳全面发展，从而助力国家培养能担当民族复兴大任的新时代青少年。

跳绳能够锻炼儿童及青少年的灵巧性、柔韧性以及力量、速度等素质；跳绳还能培养儿童及青少年协作、竞争、友爱等良好品质；跳绳更是一个可以因地制宜、利用小场地和最简易器材就可以进行运动的项目；跳绳还可以与儿童及青少年未来的终身体育对接。跳绳凭借它的诸多优点，已经被越来越多的中小学校列为正式课程、校本课程、大课间体育活动和社团训练内容，创新跳绳的内容和集体表演项目既是教育界的广泛需要，也是学校创设“一校一品”和“一校多品”教改局面的重要选项。本书设计的内容趣味性及娱乐性较强，适合儿童及青少年的年龄特点。同时，为了方便教学与训练，本书最大限度降低了使用场地、器材的难度，以自主练习为主。

本书配套二维码视频，图、文、声、像并茂，集科学性、实用性、趣味性于一体。教学方式采用图解、视频等方式相结合，使教学过程更加直观、形象，便于教师、儿童及青少年使用。本书从花样跳绳运动各个技术的“单个动作教学”至“集体表演创编”做了详细的阐述，是颇为宝贵的跳绳指导书籍。

希望本书能让跳绳这项健康、阳光、普及性强的体育运动更加广泛地推广到全国的中小学校，特别是广大农村地区的学校，让跳绳运动成为全国城市和农村中小学校开展阳光体育的范本，为全国的中小学校的“一校一品”“一校多品”创建工程增加一份力量。

# 前言

# 目　　录

# 第一章　准备活动

## 一、头部运动

（1）动作名称：头部运动（图 1-1）。

图 1-1　头部运动（绳操）

（2）动作描述：4×8 拍。

预备姿势：直立，双手持跳绳，将跳绳对折平放于体前。

第一个 8 拍：1—4 拍，抬右腿屈膝，同时双手用力将绳子拉在右膝下方，低头看绳；5—8 拍，右腿下落还原成直立，同时双手将绳子经体前拉到颈后部，抬头向上看。

第二个 8 拍：同第一个 8 拍，但方向相反。

第三个 8 拍：同第一个 8 拍。

第四个 8 拍：同第二个 8 拍，第 8 拍后还原成预备姿势。

（3）动作要求：头部随双手拉绳上下运动的幅度要大；单脚支撑时身体重心要保持平衡和稳定。

## 二、肩部运动

（1）动作名称：肩部运动（图 1-2）。

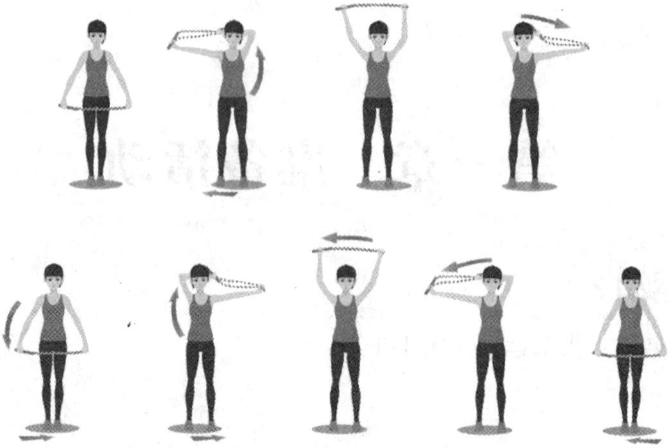

图 1-2　肩部运动（绳操）

（2）动作描述：4×8 拍。

预备姿势：直立，双手持跳绳，将跳绳对折后平放于体前。

第一个 8 拍：1—2 拍，右脚向右开立，同时双手将绳子经体前拉到颈后部，右臂伸直，左臂屈肘；3—4 拍，双脚保持开立，同时左臂伸直，右臂屈肘；5—8 拍，双手拉绳从颈后经体前，双脚并拢还原成预备姿势。

第二个 8 拍：同第一个 8 拍，但方向相反。

第三个 8 拍：同第一个 8 拍。

第四个 8 拍：同第二个 8 拍。

（3）动作要求：在颈后拉绳时，一侧肘部弯曲幅度要大，动作要充分舒展。

## 三、体侧运动

（1）动作名称：体侧运动（图 1-3）。

（2）动作描述：4×8 拍。

预备姿势：直立，双手持跳绳，将跳绳对折后平放于体前。

第一个 8 拍：1—2 拍，右脚向右开立，同时双手将绳子经体前拉至头顶，两臂伸直；3—4 拍，双脚保持开立，两臂保持伸直，同时双手拉绳带动躯干向右倾斜；5—6 拍，还原成 1—2 拍动作；7—8 拍，双手拉绳子从头上经体前，双脚并拢还原成预备姿势。

第二个 8 拍：同第一个 8 拍，但方向相反。

第三个 8 拍：同第一个 8 拍。

第四个 8 拍：同第二个 8 拍。

（3）动作要求：体侧运动时，左右两侧的躯干倾斜幅度随两臂拉绳均要达到90度。

图 1–3 体侧运动（绳操）

## 四、体转运动

（1）动作名称：体转运动（图 1–4）。

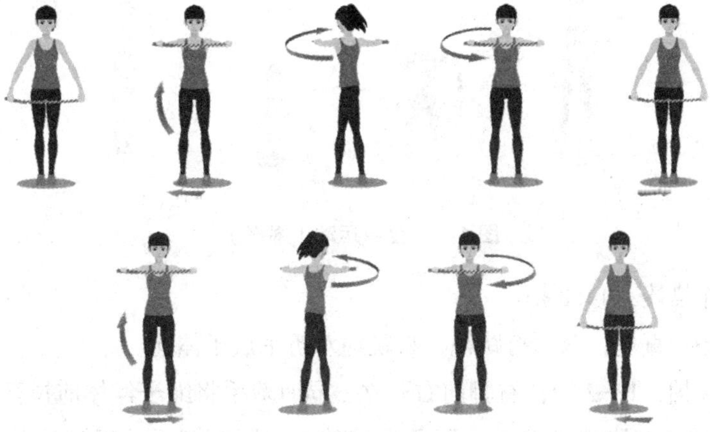

图 1–4 体转运动（绳操）

（2）动作描述：4×8 拍。

预备姿势：直立，双手持跳绳，将跳绳对折平放于体前。

第一个 8 拍：1—2 拍，右脚向右开立，同时双手将绳子经体前拉至胸前，两臂伸直呈前平举；3—4 拍，双脚保持开立，两臂保持伸直，同时双手拉绳带动躯干向右转动；5—6 拍，还原成 1—2 拍动作；7—8 拍，双手拉绳子经体前，双脚并拢还原成预备姿势。

第二个 8 拍：同第一个 8 拍，但方向相反。

第三个 8 拍：同第一个 8 拍。

第四个 8 拍：同第二个 8 拍。

（3）动作要求：体转运动时，左右两侧的躯干转体幅度随两臂拉绳均要达到 180 度。

## 五、全身运动

（1）动作名称：全身运动（图 1–5）。

图 1–5　全身运动（绳操）

（2）动作描述：4×8 拍。

预备姿势：直立，双手持跳绳，将跳绳对折平放于体前。

第一个 8 拍：1—2 拍，右脚向右开立，同时双手将绳子经体前拉至头上，两臂伸直；3—4 拍，双脚保持开立，两臂保持伸直，同时双手拉绳经体前带动躯干向下；5—6 拍，右脚靠拢左脚，同时做下蹲动作，双手拉绳至大腿上；7—8 拍，还原成预备姿势。

第二个 8 拍：同第一个 8 拍，但方向相反。

第三个 8 拍：同第一个 8 拍。

第四个 8 拍：同第二个 8 拍。

（3）动作要求：做腹背动作时，要持绳接触地面；做下蹲时要完成全蹲动作。

## 六、踢腿运动

（1）动作名称：踢腿运动（图 1-6）。

（2）动作描述：4×8 拍。

预备姿势：直立，双手持跳绳，将跳绳对折平放于体前。

第一个 8 拍：1—2 拍，右脚向前一步，同时双手将绳子经体前拉至胸前，两臂伸直呈前平举；3—4 拍，左腿伸直向前上方踢腿，两臂保持前平举；5—6 拍，左腿下落双脚并拢，两臂保持前平举；7—8 拍，两臂下落于体前，还原成预备姿势。

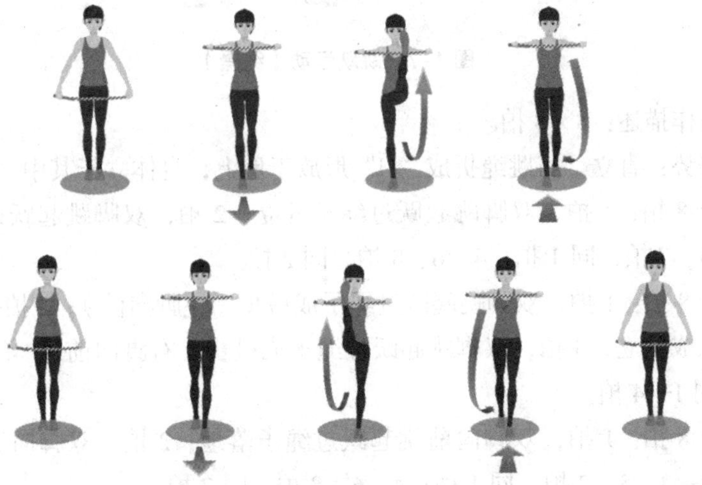

图 1-6 踢腿运动（绳操）

第二个 8 拍：同第一个 8 拍，但方向相反。

第三个 8 拍：同第一个 8 拍。

第四个 8 拍：同第二个 8 拍。

（3）动作要求：做踢腿动作时腿部要尽量伸直，用小腿触碰呈前平举的双手所持跳绳。

## 七、跳跃运动

（1）动作名称：跳跃运动（图 1–7）。

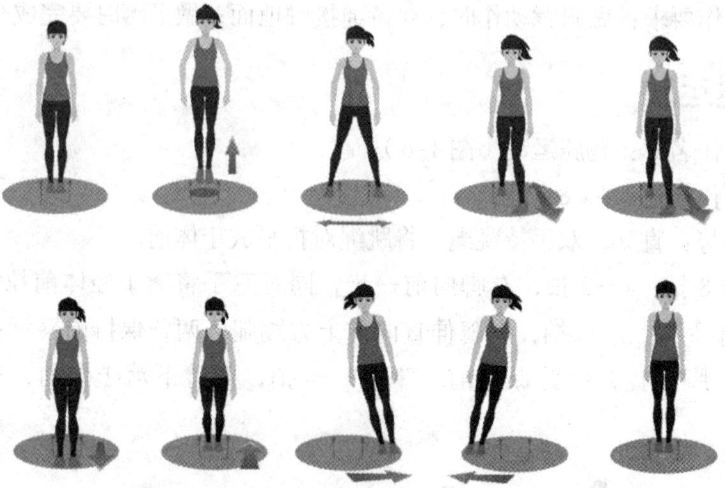

图 1–7　跳跃运动（绳操）

（2）动作描述：8×8 拍。

预备姿势：直立，将跳绳折成“U”形放于地上，身体立于其中。

第一个 8 拍：1 拍，双脚跳起跃过绳子开立；2 拍，双脚跳起跃过绳子还原成直立；3、5、7 拍，同 1 拍；4、6、8 拍，同 2 拍。

第二个 8 拍：1 拍，双脚跳起跃过绳子成弓步（左脚向前）；2 拍，双脚跳起跃过绳子还原成直立；3 拍，双脚跳起跃过绳子成弓步（右脚向前）；4 拍，同 2 拍；5—8 拍，同 1—4 拍。

第三个 8 拍：1 拍，双脚向前跳起跃过绳子落地；2 拍，双脚向后跳起跃过绳子落地还原；3、5、7 拍，同 1 拍；4、6、8 拍，同 2 拍。

第四个 8 拍：1 拍，双脚向左跳起跃过绳子落地；2 拍，双脚跳起跃过绳子落地还原；3 拍，双脚向右跳起跃过绳子落地；4 拍，两脚向左跳起跃过绳子落地；5—8 拍，同 1—4 拍。

第五个 8 拍：同第一个 8 拍。

第六个 8 拍：同第二个 8 拍。

第七个 8 拍：同第三个 8 拍。

第八个 8 拍：同第四个 8 拍。

（3）动作要求：以“U”形跳绳为标志线进行开合跳、弓步跳、前后跳、左右跳，起跳的位置和动作顺序要准确。

## 八、整理运动

（1）动作名称：整理运动（图 1-8）。

**图 1-8　整理运动（绳操）**

（2）动作描述：4×8 拍。

预备姿势：直立。

第一个 8 拍：踏步走。

第二个 8 拍：1—4 拍，踏步走，两臂随双手经体前缓慢柔和地从下至上呈前上举；5—8 拍，踏步走，两臂再从前上举缓慢柔和地经体前下降还原到身体两侧，第 8 拍还原成预备姿势。

第三个 8 拍：同第一个 8 拍。

第四个 8 拍：1—4 拍，踏步走，两臂经体侧缓慢柔和地从下到上呈侧上举；5—8 拍，踏步走，两臂再从侧上举缓慢柔和地经体侧下降还原到身体两侧，第 8 拍还原成预备姿势。

（3）动作要求：动作放松，上、下肢节奏配合协调。

# 第二章　跳绳游戏

## 一、眼明脚快

（1）游戏名称：眼明脚快（图 2-1）。

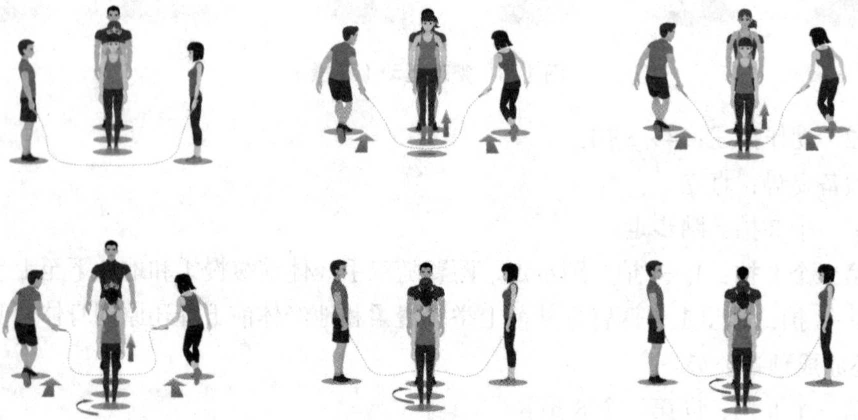

图 2-1　眼明脚快

（2）锻炼价值：主要发展跳绳者的判断及应变能力。

（3）所需器材：每组短跳绳一条。

（4）游戏描述：将游戏者平均分成若干组，每组选两名摇绳者手持一条跳绳的两端，将绳子放于地面上，面对面相距 1 米站立；跳绳者排成一路纵队与摇绳者呈“T”字形站立；游戏开始，每组的两名摇绳者同时拉绳子向本组跳绳者队尾跑动，跳绳者则依次跳过摇绳者的绳子后转身；摇绳者跑至队尾后向本组排头往返继续游戏，看哪个组率先成功完成往返。

（5）游戏规则：

① 每组摇绳者必须听发令起动；

② 每组摇绳者必须将绳子拉过本组最后一名跳绳者后返回；

③ 每组跳绳者必须以一路纵队的形式依次跳过跳绳；

④ 出现绊绳的情况要及时做出调整，尽快恢复游戏；

⑤ 按照要求先完成的组获胜。

（6）注意事项：

① 摇绳者必须将跳绳放在地面上滑行拉动，以免绊在跳绳者身上；

② 为了增加游戏难度和强度，可逐渐增加往返次数。

## 二、跳绳捡沙包

（1）游戏名称：跳绳捡沙包（图 2–2）。

图 2–2　跳绳捡沙包

（2）锻炼价值：主要发展跳绳者的灵敏性及动作协调能力。

（3）所需器材：每组长跳绳一条、沙包一个。

（4）游戏描述：将游戏者平均分成若干组，每组两名摇绳者手持一条长跳绳的两端，面对面相距 3 米站立；若干名跳绳者在其中一名摇绳者身旁排队站立，其中一名跳绳者手持一个沙包；游戏开始，两名摇绳者摇动跳绳，手持沙包的跳绳者进入绳中起跳，并在跳绳的过程中将沙包放在地面上，随后跳出绳子；下一名跳绳者随即进入绳中起跳，并在跳绳过程中迅速俯身捡起地面上的沙包，随后跳出绳子将沙包交到下一名准备跳绳者的手中。以此方式循环进行游戏，看哪组游戏者在规定的时间内配合完成捡起沙包的次数多。

（5）游戏规则：

① 每组必须听口令开始与结束游戏；

② 如果放沙包的跳绳者绊在绳子上要重新进行一次；

③ 如果拿沙包的跳绳者绊在绳子上即是失误，不计算个数；

④ 在规定时间内捡起沙包次数多的组获胜。

（6）注意事项：

① 摇绳者要与跳绳者默契配合；

② 放沙包的跳绳者要尽量将沙包放在一名摇绳者脚前稍近的地方，以避免摇动的绳子将沙包打跑；

③ 此游戏还可规定同一人完成放沙包与捡沙包的动作，以提高游戏的难度和强度。

## 三、跳绳环绕球

（1）游戏名称：跳绳环绕球（图 2-3）。

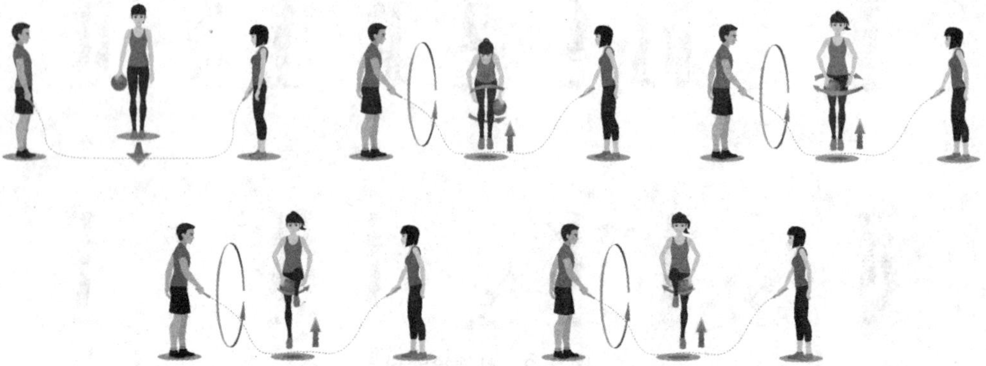

图 2-3　跳绳环绕球

（2）锻炼价值：主要发展跳绳者的动作协调能力。

（3）所需器材：每组长跳绳一条、软式排球一个。

（4）游戏描述：将游戏者平均分成若干组，每组两名摇绳者手持一条长跳绳的两端，面对面相距 3 米站立；跳绳者站在绳的一边，其中一名跳绳者手持一个软式排球；游戏开始，两名摇绳者摇动跳绳，持球的跳绳者进入绳中起跳，并在跳绳的过程中按规定要求将球在腰部、膝部、胯下等位置进行若干次的环绕动作，完成后持球跳出绳子并将球交到同组其他跳绳者手中。以此方式循环进行游戏，看哪组在规定的时间内成功配合完成跳绳环绕球规定动作的人次多。

（5）游戏规则：

① 每组必须听口令开始与结束游戏；

② 如果环绕球的跳绳者绊在绳子上即是失误，不计算次数，需要重新开始

游戏；

③ 在规定时间内成功完成规定跳绳环绕球动作人次多的组获胜。

（6）注意事项：

① 要根据游戏者的水平制定可行的跳绳环绕球规定动作；

② 在游戏开始前先让跳绳者熟悉球性，进行跳绳环绕球规定动作的模仿练习；

③ 摇绳者要与持球跳绳者默契配合。

## 四、跳绳抛接球

（1）游戏名称：跳绳抛接球（图 2–4）。

图 2–4　跳绳抛接球

（2）锻炼价值：主要发展跳绳者的灵活性及动作协调能力。

（3）所需器材：每组长跳绳一条、软式排球一个。

（4）游戏描述：将游戏者平均分成若干组，每组两名摇绳者手持一条长跳绳的两端，面对面相距 3 米站立；两名跳绳者分别在两名摇绳者的身旁站立，其中一名跳绳者手持软式排球；游戏开始，两名摇绳者摇动跳绳，两名跳绳者同时进入绳中起跳，并在跳绳的过程中相互进行抛球与接球的动作。看哪组游戏者在规定的时间内成功配合完成跳绳抛接球的次数多。

（5）游戏规则：

① 每组必须统一听口令开始与结束游戏；

② 如果抛接球的跳绳者绊在绳子上或抛接球失误，不计算失误的次数，并在规

定时间内迅速调整继续游戏；

③ 在规定时间内成功完成抛接球次数多的组获胜。

（6）注意事项：

① 在游戏开始前可先让跳绳者熟悉球性，进行跳绳抛接球的模仿练习；

② 摇绳者要与跳绳者默契配合；

③ 抛接球的位置不要过高或过低，要保持在胸前的位置；抛接球的力量也要控制好，不要过于用力。

## 五、跳绳运篮球

（1）游戏名称：跳绳运篮球（图 2-5）。

图 2-5　跳绳运篮球

（2）锻炼价值：主要发展跳绳者的灵敏性和判断能力。

（3）所需器材：每组长跳绳一条、每名跳绳者一个篮球。

（4）游戏描述：将游戏者平均分成若干组，每组两名摇绳者手持一条长跳绳的两端，面对面相距 3 米站立；若干名跳绳者在其中一名摇绳者的身旁站立成一列，每人手持一个篮球；游戏开始，两名摇绳者摇动跳绳，排头的跳绳者运球进入绳中起跳后再向对面运球出跳绳，然后站在另一名摇绳者的身旁，保持运球动作，后面的跳绳者同前面运球跳绳者的动作一样。以此方式循环进行游戏，看哪组游戏者在规定的时间内成功配合完成跳绳运篮球的次数多。

（5）游戏规则：

① 每组必须统一听口令开始与结束游戏；

② 如果运球的跳绳者绊在绳子上或运球失误，不计算失误的次数，但需迅速调整继续游戏；

③在规定时间内完成次数多的组获胜。

（6）注意事项：

① 在游戏开始前先让跳绳者熟悉球性和运动方向，进行跳绳运球的模仿练习；

② 摇绳者要与跳绳者默契配合；

③ 跳绳者要准确把握进绳时机和出绳时机。

## 六、长绳中跳呼啦圈

（1）游戏名称：长绳中跳呼啦圈（图 2-6）。

图 2-6　长绳中跳呼啦圈

（2）锻炼价值：主要发展跳绳者的协调性和有氧耐力。

（3）所需器材：每组长跳绳一条、每名跳绳者一个呼啦圈。

（4）游戏描述：将游戏者 3 人 1 组平均分成若干组，每组两名摇绳者手持一条长跳绳的两端，面对面相距 3 米站立；跳绳者手持呼啦圈在中间站立；游戏开始，两名摇绳者摇动跳绳，跳绳者手持呼啦圈进入绳中完成在长绳中跳呼啦圈的动作，看哪组游戏者在规定的时间内成功配合完成长绳中跳呼啦圈的次数多。

（5）游戏规则：

① 每组必须统一听口令开始与结束游戏；

② 跳绳者必须在长绳中完成跳呼啦圈才能计入有效成绩，如果跳绳者绊在绳子上或呼啦圈上即算失误，不计算失误的次数；

③ 在规定时间内成功完成长绳中跳呼啦圈次数多的组获胜。

（6）注意事项：

① 在游戏开始前，先让跳绳者进行跳呼啦圈的练习；

② 摇绳者要与跳绳者默契配合，跳绳者要在绳子中原地起跳完成动作。

## 七、交互绳中跳呼啦圈

（1）游戏名称：交互绳中跳呼啦圈（图 2-7）。

图 2-7　交互绳中跳呼啦圈

（2）锻炼价值：主要发展跳绳者的协调性和有氧耐力，以及摇绳者两臂的协调用力能力。

（3）所需器材：每组长跳绳两条、每名跳绳者一个呼啦圈。

（4）游戏描述：将游戏者 3 人 1 组平均分成若干组，每组两名摇绳者手持两条长跳绳的两端，面对面相距 3 米站立；跳绳者手持呼啦圈在一名摇绳者身侧站立；游戏开始，两名摇绳者交互摇绳，跳绳者手持呼啦圈进入绳中完成在交互绳中跳呼啦圈的动作。看哪组游戏者在规定的时间内成功配合完成交互绳中跳呼啦圈的次数多。

（5）游戏规则：

① 每组必须统一听口令开始与结束游戏；

② 跳绳者必须在交互绳中完成跳呼啦圈才能计入有效成绩，如果跳绳者绊在绳子上或呼啦圈上即算失误，不计算失误的次数；

③ 在规定时间内成功完成交互绳中跳呼啦圈次数多的组获胜。

（6）注意事项：

① 摇绳者与跳绳者要掌握摇和跳交互绳的基本技术；

② 在游戏开始前，先让跳绳者进行跳呼啦圈的练习；

③ 摇绳者要与跳绳者默契配合，跳呼啦圈者要跳进交互绳中完成动作。

## 八、踩蹦蹦球跳绳

（1）游戏名称：踩蹦蹦球跳绳（图 2-8）。

（2）锻炼价值：主要发展跳绳者的协调性及平衡能力。

（3）所需器材：短跳绳一条、蹦蹦球一个。

图 2-8　踩蹦蹦球跳绳

（4）游戏描述：跳绳者双手持跳绳踩在蹦蹦球上；游戏开始，跳绳者用力下踩蹦蹦球，利用反作用力将身体弹高，同时双手摇动跳绳，完成踩蹦蹦球跳绳的动作。

（5）游戏规则：

① 每名跳绳者必须听口令开始与结束游戏；

② 如果跳绳者绊在绳子上或蹦蹦球上即为失误，不计算失误的次数；

③ 在规定时间内成功完成踩蹦蹦球跳绳次数多的跳绳者获胜。

（6）注意事项：

① 在游戏前，让跳绳者掌握徒手踩蹦蹦球跳动的方法；

② 为了增加游戏的趣味性，可让有花样跳绳基础的游戏者在踩蹦蹦球跳绳的时候完成各种交叉或多摇类的花样跳绳动作。

# 第三章　两人一绳

## 一、普通跳及依次跳

（1）动作名称：普通跳及依次跳（图 3–1、图 3–2）。

图 3–1　普通跳及依次跳（1）

图 3-2　普通跳及依次跳（2）

（2）动作描述：两人手持一绳两端，面对面站立。动作开始时，两人同时摇动跳绳，然后先后以间隔或连续起跳进出过绳的方式完成两人一绳普通跳及依次跳的动作。

（3）动作要求：身体保持直立姿态，两人配合默契，动作轻松自然。

## 二、并排跳

（1）动作名称：并排跳（图 3-3、图 3-4）。

图 3-3　并排跳（1）

图 3-4　并排跳（2）

（2）动作描述：两人分别用外侧手手持一绳两端，面朝同向或异向左右肩并肩站立。动作开始时，两人同时摇动跳绳，然后两人同时起跳过绳。

（3）动作要求：身体直立，两人配合默契，动作轻松一致。

## 三、叠加跳

（1）动作名称：叠加跳（图 3–5）。

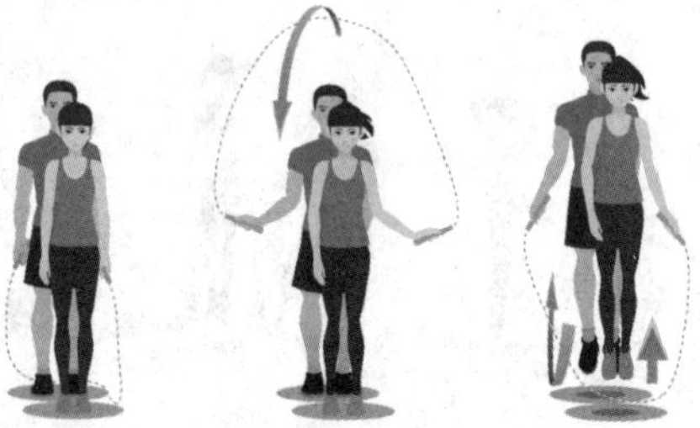

图 3–5　叠加跳

（2）动作描述：两人分别用外侧手手持一条长跳绳两端，前后站立。动作开始时，两人同时摇绳，然后两人同时跳过绳子。

（3）动作要求：身体直立，两人配合默契，动作轻松一致。

## 四、换位跳

（1）动作名称：换位跳（图 3–6）。

图 3-6　换位跳

（2）动作描述：两人分别用外侧手手持一绳两端，面对面站立。动作开始时，两人同时摇动绳子，然后两人同时以同步跳、叠加跳的联合动作跳过绳子，最后两人交换位置出绳。

（3）动作要求：身体直立，两人配合默契，换位动作轻松自然。

## 五、向外一周前后转换跳

（1）动作名称：向外一周前后转换跳（图 3-7）。

（2）动作描述：两人分别用外侧手手持一绳两端，面对面站立。动作开始时，两人同时摇动跳绳，然后两人先后或同时向外转身半周后进行一次反摇，之后再转成正摇。

（3）动作要求：身体直立，两人配合默契，转身动作轻松自然。

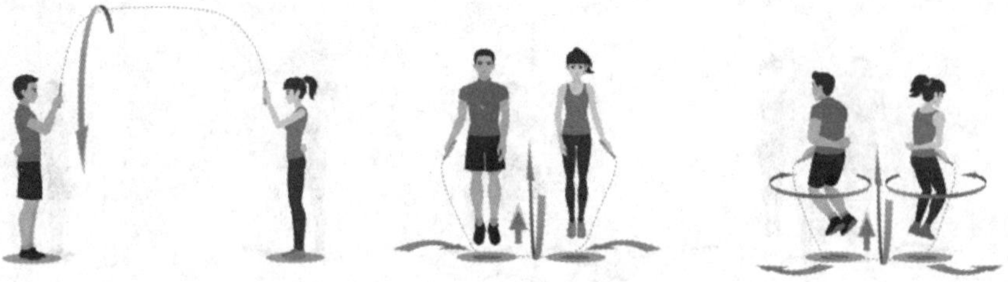

图 3-7　向外一周前后转换跳

## 六、向外一周转身跳

（1）动作名称：向外一周转身跳（图 3-8）。

图 3-8　向外一周转身跳

（2）动作描述：两人分别用外侧手手持一绳两端，面对面站立。动作开始时，两人同时摇动跳绳，然后两人先后或同时以向外转身一周的方式跳过绳子。

（3）动作要求：身体直立，两人配合时手臂不能抬起，要保持在腰部的位置摇动绳子，跨越绳子转身时要轻松自然。

## 七、手臂前交叉跳

（1）动作名称：手臂前交叉跳（图 3–9）。

图 3–9 手臂前交叉跳

（2）动作描述：两人分别用外侧手手持一绳两端，面对面站立。动作开始时，两人同时摇动跳绳呈一摇一跳的形式相互配合，其中摇绳者要将绳子送到跳绳者的身体前方远侧，同时跳绳者将绳子摇至自己身体的另一侧并起跳过绳，形成跳绳者与摇跳者手臂相互交叉的两人一绳跳绳动作。

（3）动作要求：身体直立，摇跳动作配合稳定。两人手臂交叉位置要在跳绳者的身体前方的同一水平面，交叉跳绳动作完成轻松自然。

## 八、一手体前一手背后交叉跳

（1）动作名称：一手体前一手背后交叉跳（图 3-10、图 3-11）。

（2）动作描述：两人分别用一侧手手持一绳两端，面对面站立。动作开始时，两人同时摇动跳绳呈一摇一跳的形式相互配合，其中摇绳者要将绳子送到跳绳者的身体后方远端，跳绳者同时将持绳手交叉置于自己身体前方的另一侧，形成一手体前一手背后交叉的两人一绳跳绳动作。

（3）动作要求：身体直立，摇跳动作配合稳定。两人手臂交叉位置要在跳绳者的身体前后的同一水平面，交叉跳绳动作完成轻松自然。

图 3-10　一手体前一手背后交叉跳（1）

图 3-11　一手体前一手背后交叉跳（2）

## 九、异侧手胯下交叉跳

（1）动作名称：异侧手胯下交叉跳（图 3-12）。

图 3-12　异侧手胯下交叉跳

（2）动作描述：两人分别用外侧手手持一绳两端，面对面站立。动作开始时，两人同时摇动跳绳呈一摇一跳的形式相互配合，其中跳绳者将持绳手置于自己一侧腿的胯下位置，呈单手胯下交叉摇绳状态，随后摇绳时将绳子打开并跃过自己的支撑脚，完成两人一绳异侧手胯下交叉跳动作。

（3）动作要求：身体直立，摇跳动作配合稳定。手臂交叉与打开的位置要在跳绳者的胯下部位，跳绳动作完成轻松自然。

## 十、单脚交换跳与双摇跳的配合跳法

（1）动作名称：单脚交换跳与双摇跳的配合跳法（图 3-13）。

图 3-13　单脚交换跳与双摇跳的配合跳法

（2）动作描述：两人分别用外侧手手持一绳两端，肩并肩站立。动作开始时，两人同时摇动跳绳，然后两人同时以一人跑步跳绳和一人双摇跳绳的姿态完成两人一绳同步跳的动作，形成两人一绳的“一单一双”花样跳绳技术。

（3）动作要求：单双摇配合动作流畅。

# 第四章　单人绳

## A. 基本类

### 一、左右摆绳

（1）动作名称：左右摆绳（图 4–1、图 4–2）。

（2）动作描述：两臂向前摇绳至身体一侧摆动，绳子不过脚；接着摇绳至身体另一侧摆动，完成左右摆绳。

（3）动作要求：身体直立，面部表情自然；动作轻松协调且富有弹性和节奏感。膝关节放松屈伸动作与手部摆绳动作的节奏一致。

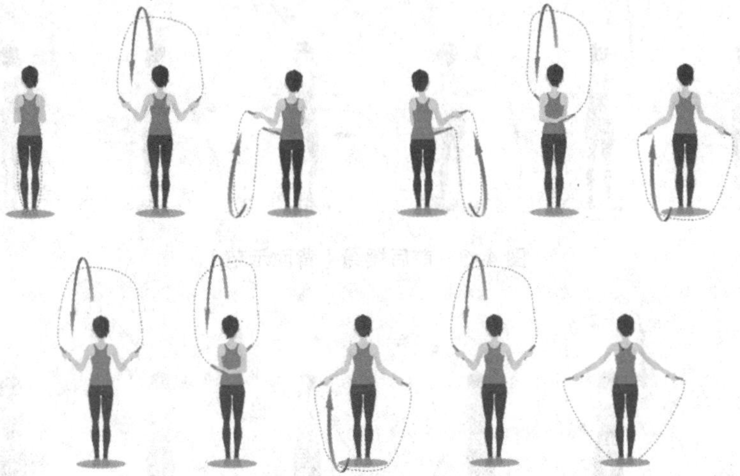

图 4–1　左右摆绳（背面示范）

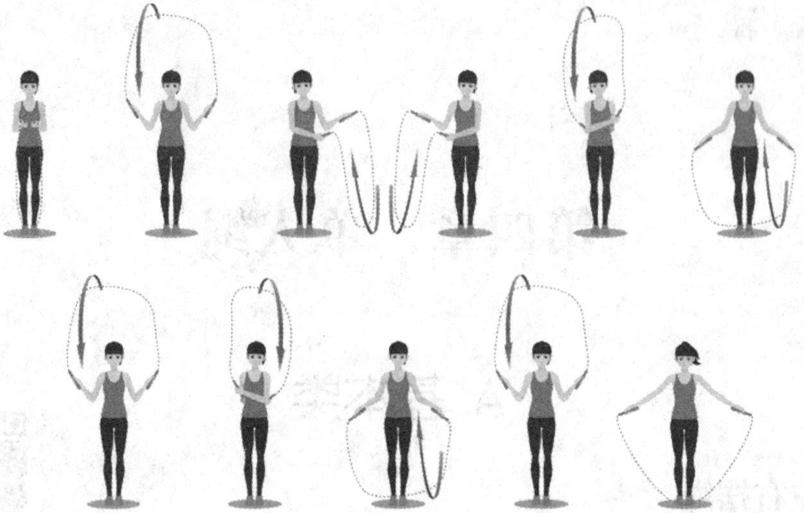

图 4–2　左右摆绳（正面示范）

## 二、前后摆绳

（1）动作名称：前后摆绳（图 4–3、图 4–4）。

图 4–3　前后摆绳（背面示范）

图 4–4　前后摆绳（正面示范）

（2）动作描述：两臂向前摇绳至体前摆动，绳子不过脚；接着摇绳至体后摆动，完成前后摆绳。

（3）动作要求：身体直立，面部表情自然；动作轻松协调且富有弹性和节奏感。前后摆绳时，用腰部带动双手摇绳。双手的位置要始终保持在腰部两侧。

## 三、并脚跳（单摇跳）

（1）动作名称：并脚跳（单摇跳）（图 4–5、图 4–6）。

（2）动作描述：双手持绳放于体后并向前摇动（或放于体前并向后摇动），双脚并拢跳跃过绳，绳子绕过身体一周，一摇一跳，完成并脚跳（单摇跳）。

**图 4–5　并脚跳（前摇）**

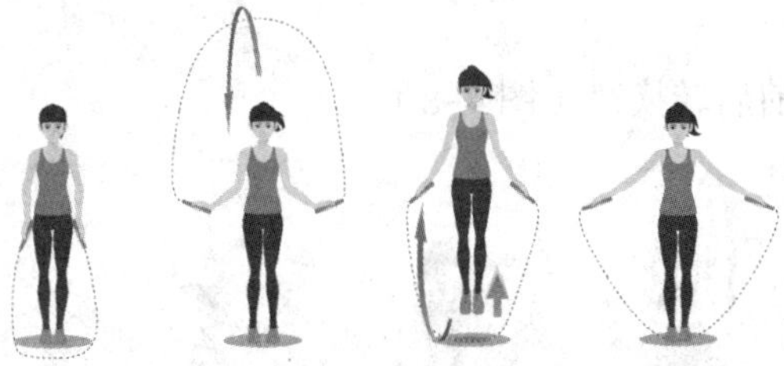

**图 4–6　并脚跳（后摇）**

（3）动作要求：身体直立，面部表情自然；双手在身体髋部两侧摇动；跳动时前脚掌先落地；动作轻松协调且富有弹性和节奏感；动作节奏通常可分为快节奏跳（一跳过绳一次）和慢节奏跳（两跳过绳一次）；跳绳时屈膝缓冲要与手部摇绳动作节奏一致。踝关节与膝关节富有弹性，做到前脚掌着地。两臂及手腕注意放松，自然柔和摇绳。

## 四、侧摆并脚跳

（1）动作名称：侧摆并脚跳（图 4–7）。

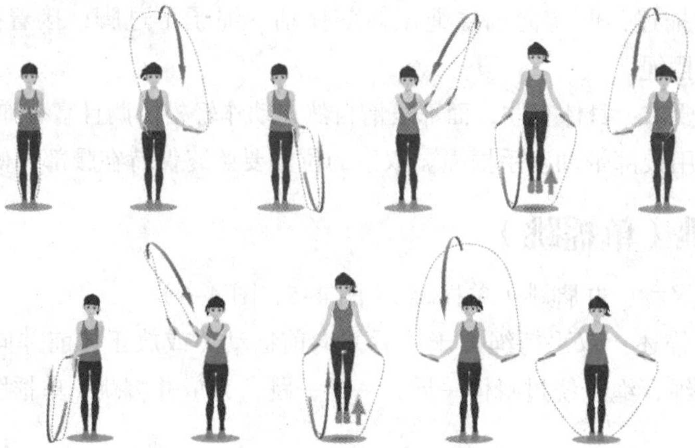

图 4-7　侧摆并脚跳

（2）动作描述：双手持绳向身体一侧摆绳，在向身体另一侧摆绳时双手打开呈直摇姿态，双脚并拢跳跃过绳，完成一个左（右）侧摆的直摇跳绳动作。

（3）动作要求：身体直立，面部表情自然；侧摆摇绳与起跳配合流畅，做到前脚掌着地，富有弹性。

## 五、前后转换跳

（1）动作名称：前后转换跳（图 4-8）。

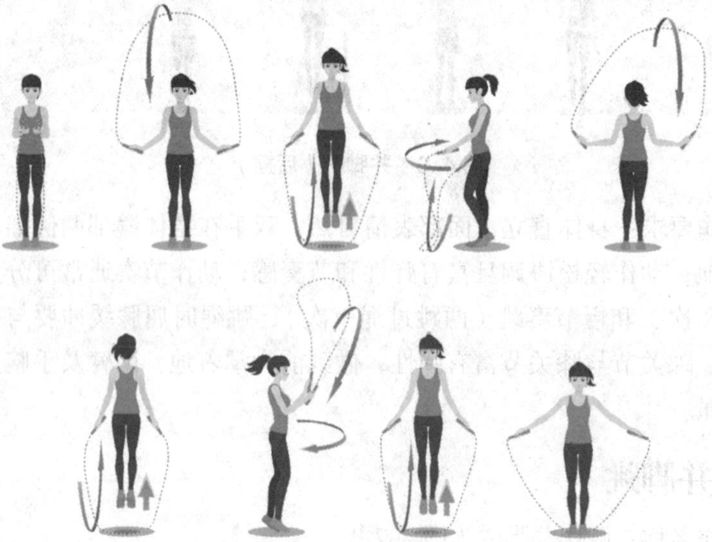

图 4-8　前后转换跳

（2）动作描述：完成此动作分成两个部分。第一部分为双手持绳向身体一侧摆绳的同时，身体随之向后转体 180 度，呈前摇绳转后摇跳的动作姿态；第二部分为呈后摇跳时，当绳子摆至最高点时，身体迅速向任意一侧转体 180 度还原成前摇跳，完成前后转换跳。

（3）动作要求：身体直立，转身动作连贯流畅；跳绳时做到前脚掌着地，富有弹性。

## 六、转身一周跳

（1）动作名称：转身一周跳（图 4-9）。

（2）动作描述：双手持绳向身体一侧摆绳，同时身体向摆绳方向转体 360 度后起跳过绳，完成转身一周跳。

（3）动作要求：身体直立，转身动作连贯流畅并且重心稳定；跳绳时做到前脚掌着地，富有弹性。

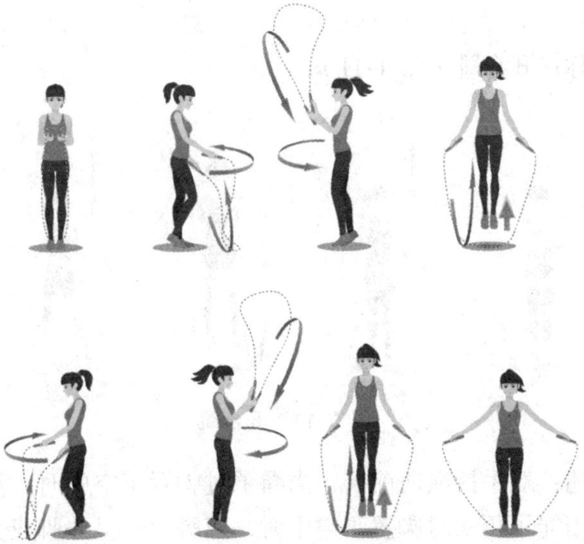

图 4-9　转身一周跳

## 七、双脚交换跳（跑步跳）

（1）动作名称：双脚交换跳（跑步跳）（图 4-10）。

图 4-10　双脚交换跳（跑步跳）

（2）动作描述：双手持绳向前摇一次绳，双脚依次抬腿跳跃过绳，连续单脚交换跳跃过绳，一摇一跳，完成双脚交换跳（跑步跳）。

（3）动作要求：身体直立，面部表情自然；手臂摇绳节奏感强，单脚轮换跳动时前脚掌先落地，身体动作轻松协调且富有弹性；手与脚的节奏注意做到一摇一跳、一摇一换腿。

## 八、开合跳

（1）动作名称：开合跳（图 4-11）。

图 4-11　开合跳

（2）动作描述：双手持绳向前摇，当绳子过脚置于空中时，双脚起跳呈左右开立状态后落地。当绳子再次过脚置于空中时，双脚起跳呈并脚或交叉状态后落地。一拍一动，完成开合跳。

（3）动作要求：身体直立，面部表情自然；开合跳的左右开立动作幅度要大，做到前脚掌着地，富有弹性；手与脚的配合节奏注意做到一摇一跳、一开一合。

## 九、弓步跳

（1）动作名称：弓步跳（图 4-12）。

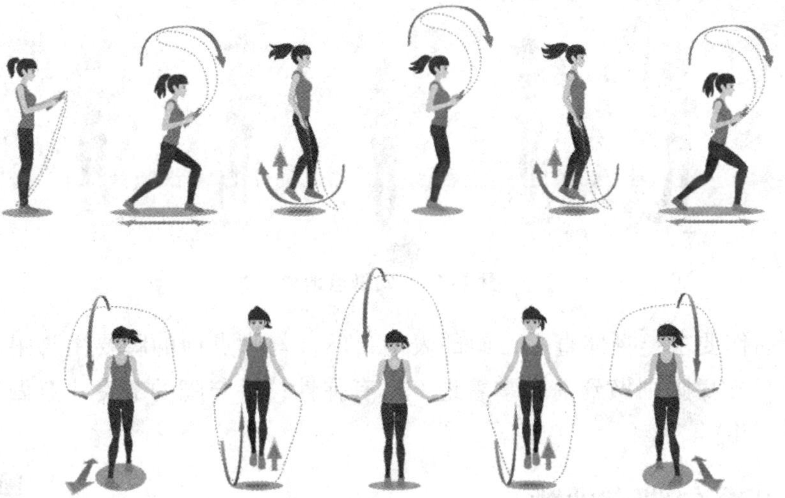

图 4-12　弓步跳

（2）动作描述：双手持绳向前摇，当绳子过脚滞于空中时，双脚起跳呈前后弓步状态后落地，当绳子再次过脚滞于空中时，双脚起跳呈并脚状态后落地，一拍一动，完成弓步跳。

（3）动作要求：身体直立，面部表情自然；弓步跳的前后开立动作幅度要大，做到前脚掌着地，富有弹性；手与脚的节奏注意做到一摇一跳、一弓一并。

## 十、勾脚点地跳

（1）动作名称：勾脚点地跳（图 4-13）。

（2）动作描述：两臂向前摇绳，过绳后其中一条腿勾脚向前并以脚跟落地，随后双脚并拢跳过绳子一次，交换另外一条腿做同样动作，一拍一动，完成勾脚点地跳。

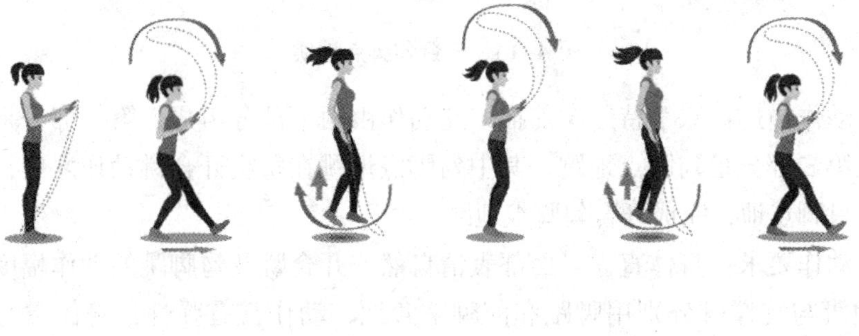

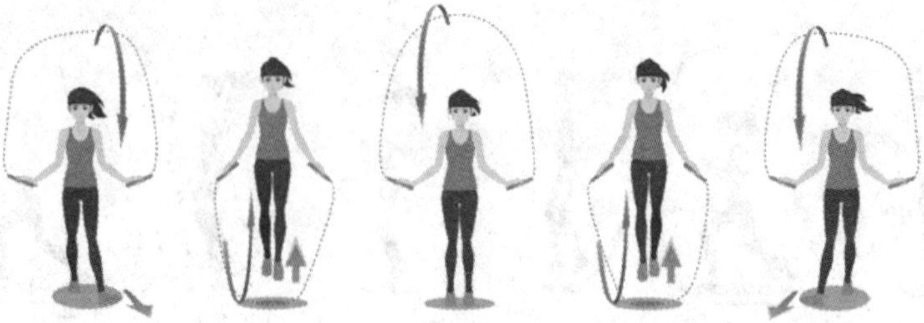

图 4-13　勾脚点地跳

（3）动作要求：身体直立，面部表情自然；勾脚点地的脚要用脚跟部轻轻着地，另一只支撑脚则做到前脚掌着地，富有弹性；手与脚的节奏注意做到一摇一跳、一点一并。

## 十一、开合勾脚点地跳

（1）动作名称：开合勾脚点地跳（图 4-14）。

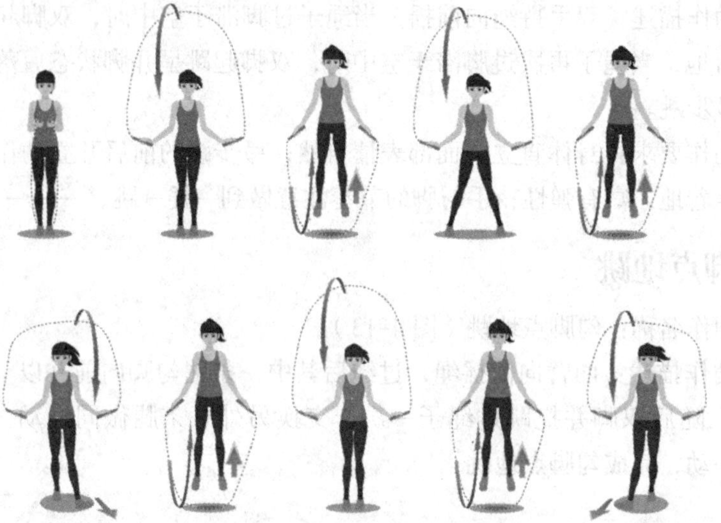

图 4-14　开合勾脚点地跳

（2）动作描述：双手持绳向前摇，此动作由两个部分组成，第一部分是双脚做开合跳，第二部分是勾脚点地跳，其中勾脚点地跳在每次开合跳动作之后，并且每次交换一只脚点地，完成开合勾脚点地跳。

（3）动作要求：身体直立，面部表情自然；开合跳及勾脚跳的动作幅度要大，做到点地脚与支撑脚分别用脚跟和前脚掌着地，动作富有弹性，身体重心协调，上、下肢摇跳配合的节奏感强；做开合勾脚点地跳时，双手手腕注意放松，自然柔和摇绳，手与脚的节奏注意做到一摇一开合一摇一勾脚跳动。

## 十二、并脚左右跳（滑雪跳）

（1）动作名称：并脚左右跳（滑雪跳）（图 4–15）。

图 4–15　并脚左右跳（滑雪跳）

（2）动作描述：双手持绳向前摇，当绳子下落至体前时，双脚发力向左（右）侧起跳，使双脚并拢跳过绳子，落地时双脚置于身体重心左（右）侧，当绳子再次下落至体前时，双脚用力向右（左）侧起跳，使双脚并拢跳过绳子，落地时双脚置于身体重心的右（左）侧。此动作一拍一动，形成并脚左右跳（滑雪跳）技术。

（3）动作要求：身体直立，面部表情自然；左右跳动的幅度要大，做到前脚掌着地，富有弹性；手与脚的配合注意做到一摇一跳，落地重心一左一右。

## 十三、钟摆跳

（1）动作名称：钟摆跳（图 4–16）。

图 4–16　钟摆跳

（2）动作描述：双手持绳向前摇，当绳子过脚时，左（右）腿向外侧摆动，跳跃过绳后悬停于空中，同时右（左）腿跳跃过绳后以左（右）脚落地；交换双腿做同样的动作。一拍一动，完成钟摆跳。

（3）动作要求：身体直立，面部表情自然；钟摆跳的摆腿幅度尽量大，支撑脚要做到前脚掌着地，动作富有弹性和节奏感；手与脚的配合节奏做到一摇一跳，一左一右摆腿的同时变换支撑脚进行钟摆跳。

## 十四、吸腿踢腿跳

（1）动作名称：吸腿踢腿跳（图 4-17）。

（2）动作描述：双手持绳向前摇，当绳子过脚且身体起跳滞于空中时，其中一条腿向上屈膝吸腿抬至水平位置，同时另外一条腿跳跃过绳，随后双腿同时再次起跳过绳后并脚落地，完成吸腿跳绳动作。踢腿跳绳动作同吸腿跳绳动作相配合，踢腿时脚面绷直，踢腿呈水平状态。此动作左右腿轮流交换，一拍一动，完成吸腿踢腿跳。

图 4-17　吸腿踢腿跳

（3）动作要求：身体直立，面部表情自然；吸腿、踢腿的动作幅度要大，跳绳动作做到前脚掌着地，富有弹性；上、下肢摇跳动作要协调配合，节奏感强。

## 十五、手臂缠绕绳

（1）动作名称：手臂缠绕绳（图 4-18）。

（2）动作描述：双手持绳向前将绳摇至身体一侧（以左侧为例），将绳子顺势缠绕到左前臂一圈，随后两臂再摆至身体右侧，并向前摆动所缠绕的绳子两圈将其解开，然后与上述动作相反做右手缠绕绳子，再将两臂摆至身体左侧将绳子打开还原。

（3）动作要求：身体直立，手臂缠绕绳的动作轻松自然；手的节奏做到一摇一绕、两摇一打开。

图 4-18 手臂缠绕绳

## 十六、腿脚缠绕绳

（1）动作名称：腿脚缠绕绳（图 4-19）。

图 4-19 腿脚缠绕绳

（2）动作描述：双手持绳将绳子踩在并拢的双脚下，右脚经过绳子前方由外向内做缠绕绳子的动作（以右脚缠绕绳为例），随后身体向左后方转体 180 度。同时，左手经头上以逆时针方向将绳子顺势解开并踩在左脚下，左脚随双手拉绳做侧抬腿动作，随后换成右脚拉绳做侧抬腿动作。

（3）动作要求：缠绕绳动作自然流畅，侧抬腿时双腿间的夹角呈 90 度。

# B. 交叉类

## 十七、基本交叉跳

（1）动作名称：基本交叉跳（图 4-20、图 4-21）。

（2）动作描述：此动作分为两拍组成。预备姿势为双手持绳放于体后（或体前），第一拍为双手交叉向前（或向后）摇绳，随之并脚跳过呈交叉状态的绳子，第二拍为双手将绳子打开随之并脚跳过呈直摇状态的绳子。一拍一动，交替变换两种摇绳方式跳绳，完成基本交叉跳。

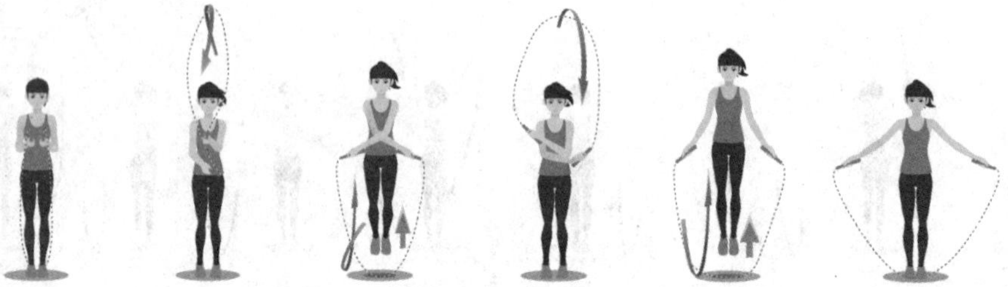

图 4–20　基本交叉跳（前摇）

图 4–21　基本交叉跳（后摇）

（3）动作要求：至少连续完成一个八拍动作；身体直立，目视前方，面部表情自然，动作完成轻松协调；双手手腕放松、自然柔和摇绳，摇绳时注意手部交叉的位置应位于腰腹两侧，并在水平面同时用力；另外，两臂摇绳要做到一合一开，手与脚的节奏注意做到一摇一跳。

## 十八、交替交叉跳

（1）动作名称：交替交叉跳（图 4–22）。

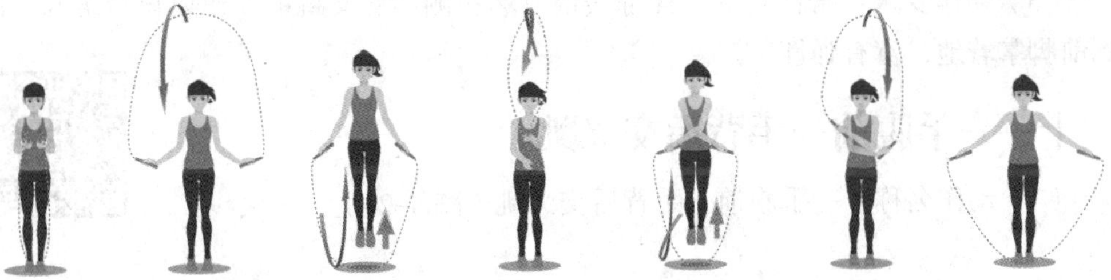

图 4–22　交替交叉跳

（2）动作描述：此动作由两拍组成。预备姿势为双手持绳放于体后，第一拍为双手向前交叉摇绳并起跳过绳，第二拍为过绳后双手在体前上下变换手位交叉摇绳后再次起跳过绳，完成交替交叉跳绳动作。

（3）动作要求：身体直立，目视前方；体前上下变换手位交叉摇跳的动作配合要自然协调，动作连贯流畅、一拍一跳；做到前脚掌着地，富有弹性。

## 十九、侧摆交叉跳

（1）动作名称：侧摆交叉跳（图 4–23）。

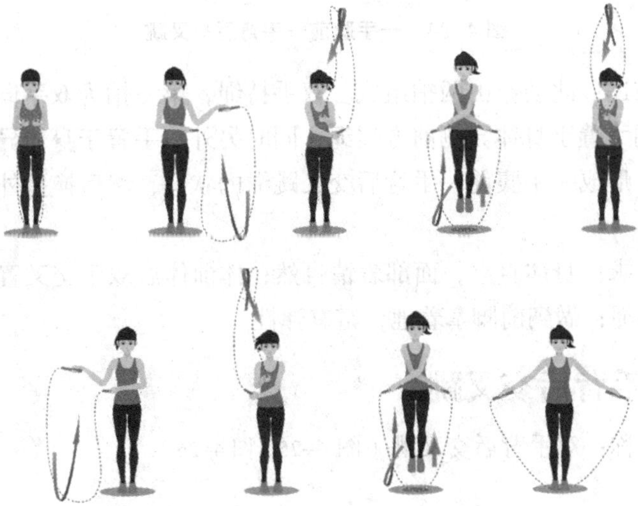

图 4–23　侧摆交叉跳

（2）动作描述：此动作分为两拍，第一拍为双手向前摇绳摆动至身体一侧，第二拍为摆绳外侧手向身体内侧交叉，双手呈基本交叉摇绳跳跃过绳，然后为另外一边动作，完成身体两侧的侧摆交叉跳。

（3）动作要求：身体直立，面部表情自然；侧摆交叉跳的动作要自然协调，做到前脚掌着地，富有弹性。

## 二十、一手腹前一手背后交叉跳

（1）动作名称：一手腹前一手背后交叉跳（图 4–24）。

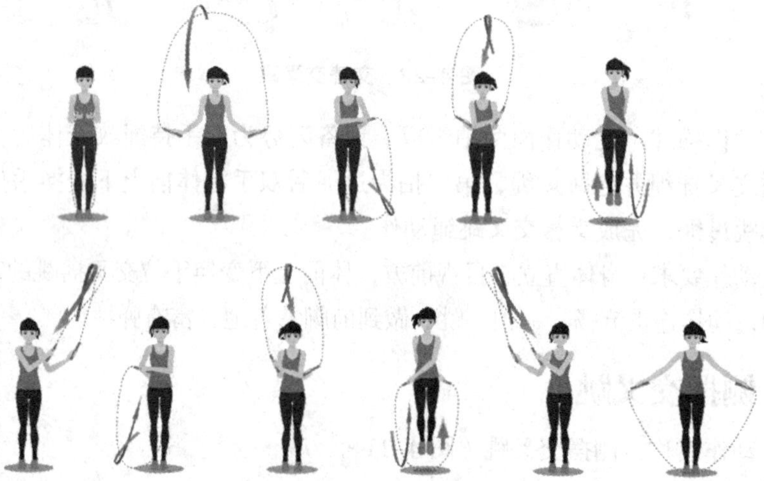

图 4–24　一手腹前一手背后交叉跳

（2）动作描述：此动作由两拍组成。双手持绳，第一拍为双手向一侧摆绳，第二拍为摆绳内侧手置于身体异侧前方摇绳，同时另外一手置于身体异侧背后摇绳，随后起跳过绳，形成一手腹前一手背后交叉跳绳的状态，然后换另外一侧继续重复以上动作。

（3）动作要求：身体直立，面部表情自然；体前体后双手交叉置于同一水平面协调发力摇动跳绳；做到前脚掌着地，富有弹性。

## 二十一、双手背后交叉跳

（1）动作名称：双手背后交叉跳（图 4–25、图 4–26）。

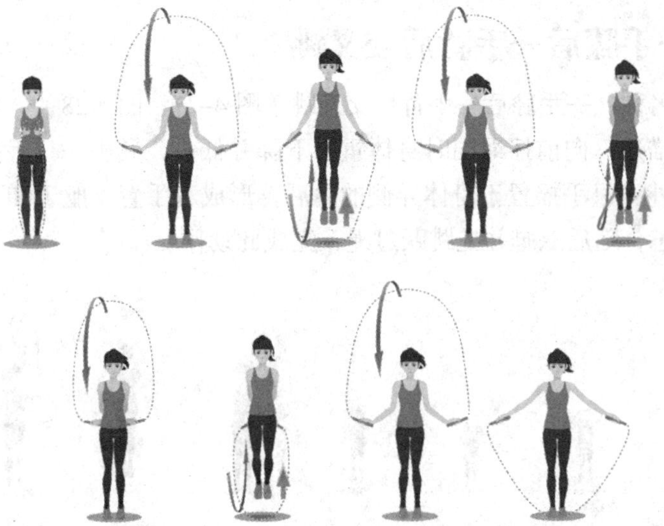

图 4–25　双手背后交叉跳（正面示范）

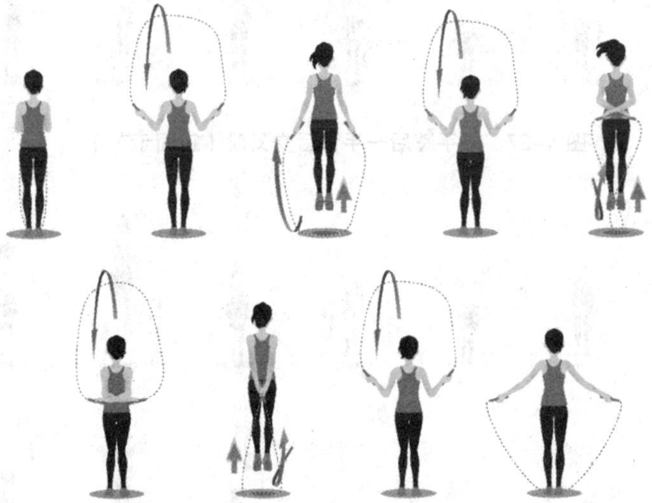

图 4–26　双手背后交叉跳（背面示范）

（2）动作描述：双手持绳向前摇，当绳子过脚时，双手同时向背后进行交叉摇绳动作；当再次起跳过绳时，身体要跳过双手在背后交叉摇动的绳子，即完成双手背后交叉跳一次。

（3）动作要求：身体直立，面部表情自然；可连续进行双手背后交叉跳，也可以将双手打开呈普通并脚跳再进行双手背后交叉跳；做到前脚掌着地，富有弹性。

## 二十二、一手膝后一手背后交叉跳

（1）动作名称：一手膝后一手背后交叉跳（图 4–27、图 4-28）。

（2）动作描述：向前摇绳同时身体重心下降并低头，其中一只手摇置于身体异侧的背后，另外一只手摇置于身体异侧的膝后，形成双手置于躯干和下肢不同位置的交叉摇绳状态，随后双脚并拢跳跃过绳，完成此动作。

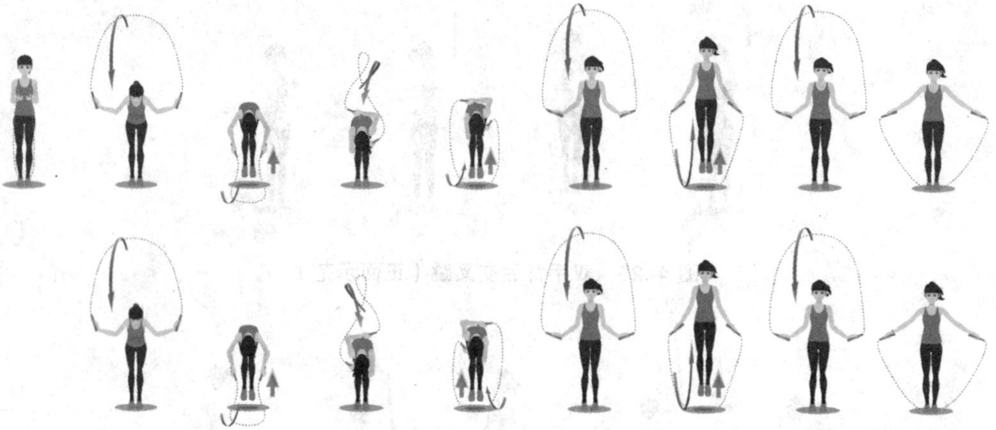

**图 4–27　一手膝后一手背后交叉跳（正面示范）**

**图 4–28　一手膝后一手背后交叉跳（背面示范）**

（3）动作要求：身体重心尽量下降到适合双手在体后交叉的位置；双手同时准确到位完成体后交叉动作，跳绳动作一气呵成。

## 二十三、双手膝后外侧交叉跳

（1）动作名称：双手膝后外侧交叉跳（图 4–29、图 4–30）。

（2）动作描述：身体重心下降，双手持绳将绳子放置于体前地面上，同时双脚并拢，随后双手拉绳起跳过脚的同时双手经其同侧膝部外侧绕到双膝后呈交叉摇绳状态；以此交叉动作落地后再次摇绳起跳过绳，完成双手膝后外侧交叉跳。

图 4–29　双手膝后外侧交叉跳（正面示范）

图 4–30　双手膝后外侧交叉跳（背面示范）

（3）动作要求：身体重心尽量下降到适合双手交叉的位置；双手同时准确到位完成体后交叉动作，跳绳动作一气呵成。

## 二十四、双手膝后内侧交叉跳

（1）动作名称：双手膝后内侧交叉跳（图 4–31、图 4–32）。

图 4–31　双手膝后内侧交叉跳（正面示范）

图 4-32　双手膝后内侧交叉跳（背面示范）

（2）动作描述：跳绳者两脚左右开立，身体重心下降，双手拉绳起跳过脚的同时双手经其同、异侧膝部内侧绕到双膝后呈交叉摇绳状态，以此交叉动作落地后再次摇绳起跳过绳，完成双手膝后内侧交叉跳。

（3）动作要求：身体重心尽量下降到适合双手交叉的位置；双手同时准确到位完成体后交叉动作，跳绳动作一气呵成。

## 二十五、同侧手胯下交叉跳

（1）动作名称：同侧手胯下交叉跳（图 4-33）。

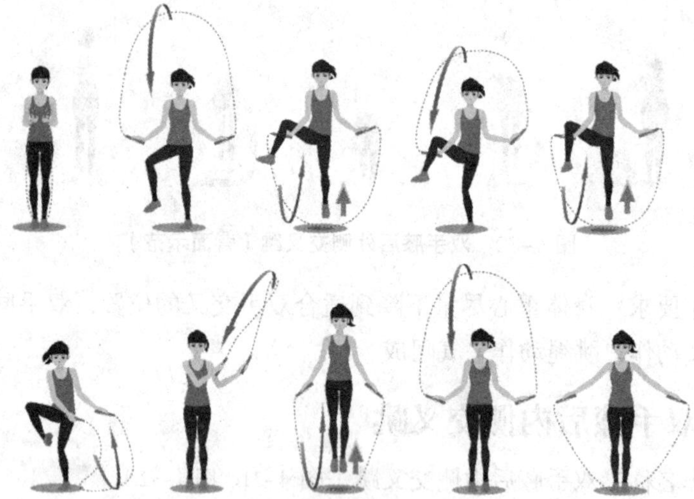

图 4-33　同侧手胯下交叉跳

（2）动作描述：双手向前摇绳时，其中的一只手放于身体同侧抬起的一条腿下摇绳，同时另外一侧的支撑脚跳跃过绳，呈同侧手胯下交叉跳绳的动作，动作结束时胯下摇绳手向另一侧摆绳同时落地即可，之后做另外一侧的同侧手胯下交叉跳绳动作。

（3）动作要求：身体直立，面部表情自然；抬腿幅度高，胯下摇绳的手要和另一只手在同一水平面协调发力摇动跳绳；保持身体重心的稳定，跳绳时做到前脚掌着地，富有弹性。

## 二十六、异侧手胯下交叉跳

（1）动作名称：异侧手胯下交叉跳（图 4–34）。

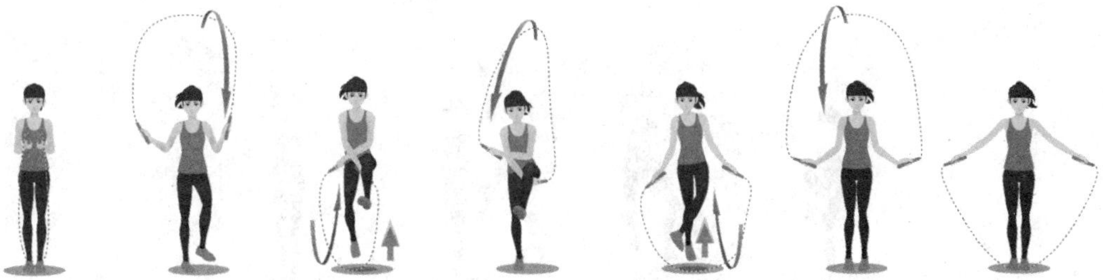

图 4–34　异侧手胯下交叉跳

（2）动作描述：双手向前摇绳时，一侧腿向前上方抬起，同时位于抬腿异侧的手放于膝下，同侧手交叉在异侧腰齐平外侧，双手呈抱腿交叉的摇绳动作，同时另外一只支撑脚跳跃过绳，动作结束时双手继续向前摇绳同时打开手臂跳跃过绳即可，然后做另外一侧的异侧手胯下交叉跳绳动作。

（3）动作要求：身体直立，面部表情自然，抬腿幅度高；胯下摇绳的手要和另一只手在同一水平面协调发力摇动跳绳；保持身体重心的稳定，跳绳时做到前脚掌着地，富有弹性。

## 二十七、胯下变换交叉跳

（1）动作名称：胯下变换交叉跳（图 4–35）。

（2）动作描述：此动作由两种胯下交叉跳动作组成，第一种为同侧手胯下交叉跳，第二种为异侧手胯下交叉跳。在衔接这两个动作的时候双手需要和双腿彼此协调配合，连续变换成不同的胯下交叉动作，一拍一动变换动作完成胯下变换交叉跳。

（3）动作要求：上体稍微前倾，面部表情自然；手脚配合胯下变换交叉跳动作时要协调自然；保持身体重心，做到前脚掌着地，富有弹性。

图 4–35　胯下变换交叉跳

# C. 多摇类

## 二十八、基本双摇跳

（1）动作名称：基本双摇跳（图 4–36、图 4–37）。

（2）动作描述：双手用力向前摇绳（或向后摇绳），双脚同时起跳，每跳起一次，绳子经头顶通过脚下绕身体旋转两周，即完成双摇跳。

（3）动作要求：身体直立，目视前方；两臂自然下垂，两个摇绳手各自距离身体一拳，尽量做到连续双摇起跳，落地时做到前脚掌先着地，富有弹性；做基本双摇跳时，双手要用力与放松相结合地摇绳，手与脚配合节奏注意做到一跳两摇。

图 4–36　基本双摇跳（前摇）

图 4-37 基本双摇跳（后摇）

## 二十九、手臂开合交叉双摇跳

（1）动作名称：手臂开合交叉双摇跳（图 4-38）。

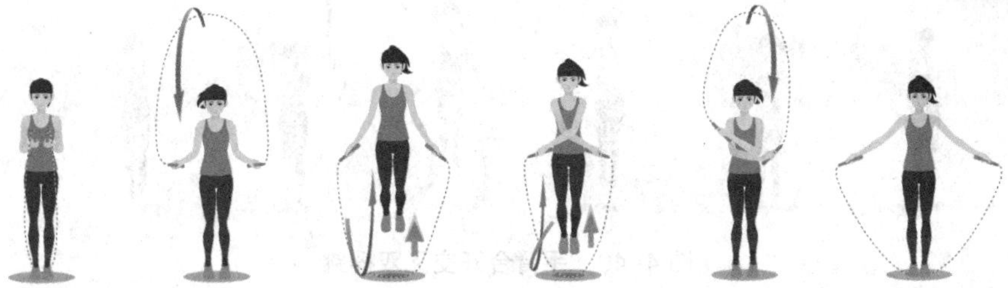

图 4-38 手臂开合交叉双摇跳

（2）动作描述：双手持绳呈准备动作开始。当双脚起跳腾空时，双手普通摇绳过脚一次后接着在落地前做交叉摇绳再过脚一次，使绳子在身体腾空过程中纵向绕过身体两周完成此动作。

（3）动作要求：身体直立，面部表情自然；双手摇绳发力集中且动作准确；在高跳中始终保持身体重心稳定，做到前脚掌着地，富有弹性；做手臂开合交叉双摇跳时，两臂普通摇绳与交叉摇绳配合顺序和位置要准确。

## 三十、手臂固定交叉双摇跳

（1）动作名称：手臂固定交叉双摇跳（图 4-39）。

（2）动作描述：双手持绳呈准备动作开始。当双脚起跳腾空时，双手做两次连续的交叉摇绳，使绳子在身体腾空过程中纵向绕过身体两周完成此动作。

（3）动作要求：身体直立，面部表情自然；双手摇绳发力集中且动作准确；在高跳中始终保持身体重心稳定，做到前脚掌着地，富有弹性；做固定交叉双摇跳时，两臂连续两次交叉摇绳配合位置要准确。

图 4-39　手臂固定交叉双摇跳

## 三十一、手臂合开交叉双摇跳

（1）动作名称：手臂合开交叉双摇跳（图 4-40）。

图 4-40　手臂合开交叉双摇跳

（2）动作描述：双手持绳呈准备动作开始。起跳后双手做交叉摇绳动作并使绳子过脚一次，接着在落地前双手再将绳子打开呈普通摇绳过脚一次，形成身体腾空一次，双手在体前做交叉和普通摇绳的变化动作使绳子纵向绕过身体两周后落地，完成此动作。

（3）动作要求：身体直立，面部表情自然；双手摇绳发力集中且动作准确；在高跳中始终保持身体重心稳定，做到前脚掌着地，富有弹性。

## 三十二、手臂交替交叉双摇跳

（1）动作名称：手臂交替交叉双摇跳（图 4-41）。

图 4-41　手臂交替交叉双摇跳

（2）动作描述：双手持绳呈准备动作开始。当双脚起跳腾空时，双手做交叉摇绳过脚一周，接着手做上下交替交叉动作，绳子在双脚落地前再过绳一次，使绳子以交替交叉纵向绕过身体两周，完成此动作。

（3）动作要求：身体直立，面部表情自然；双手摇绳发力集中且动作准确；在高跳中始终保持身体重心稳定，做到前脚掌着地，富有弹性。

## 三十三、侧摆交叉双摇跳

（1）动作名称：侧摆交叉双摇跳（图 4–42）。

图 4–42　侧摆交叉双摇跳

（2）动作描述：双手持绳呈准备动作开始。当双脚起跳腾空时，双手进行侧摆绳（绳子不过脚），随后在空中外侧手向内交叉，形成双手做交叉摇绳过脚的动作，完成此动作落地后身体另一侧进行同样方式的侧摆交叉双摇跳动作。

（3）动作要求：身体直立，面部表情自然；双手摇绳发力集中且动作准确；在高跳中始终保持身体重心稳定，做到前脚掌着地，富有弹性。

## 三十四、前后转换双摇跳

（1）动作名称：前后转换双摇跳（图 4–43）。

（2）动作描述：此动作分成两个部分。第一部分为双手持绳向身体一侧摆绳，同时身体向摆绳方向起跳，并转体 180 度在空中过绳后呈后摇跳动作落地，完成前转后摇跳绳动作；第二部分为后摇跳绳，绳子摆至体后时，身体迅速起跳并继续转体 180 度，还原成前摇跳动作并在空中过绳后落地，完成前后转换双摇跳。

（3）动作要求：身体直立，转身跳绳动作连贯流畅；跳绳时做到前脚掌着地，富有弹性。

图 4–43　前后转换双摇跳

## 三十五、转身一周双摇跳

（1）动作名称：转身一周双摇跳（图 4–44）。

图 4–44　转身一周双摇跳

（2）动作描述：此动作分为两拍。第一拍为双手持绳向身体一侧摆绳同时身体向摆绳方向起跳并在空中转体 360 度；第二拍为转体后在空中跳过绳子落地，完成转身一周双摇跳。

（3）动作要求：身体直立，转身一周动作连贯流畅，起跳后在空中过绳；落地时做到前脚掌着地，富有弹性，身体重心保持稳定。

## 三十六、基本三摇跳

（1）动作名称：基本三摇跳（图 4–45）。

（2）动作描述：双手持绳用力向前摇，同时双脚用力起跳，每跳起腾空一次，绳子经头顶通过脚下纵向绕过身体旋转 3 周，随后双脚落地完成基本三摇跳动作。

图 4–45　基本三摇跳

（3）动作要求：身体直立，目视前方；两臂自然下垂，双手摇绳时分别距离身体一拳的距离，摇绳与跳绳的节奏配合准确；双手摇绳要集中用力，且起跳高度要高；落地时做到前脚掌着地，身体富有弹性；进行基本三摇跳时，起跳高度要高，双手要协调并集中用力摇绳，手与脚的配合节奏注意做到一跳三摇。

# D. 放绳类

## 三十七、基本抛接绳（钓鱼）

（1）动作名称：基本抛接绳（钓鱼）（图 4–46、图 4–47）。

（2）动作描述：双手持绳呈准备动作。动作开始后一只手抛放绳子并使绳柄置于地上或空中，持绳手向前上方做提拉的动作，另一只手顺势抓住飞来的绳柄，完成抛接绳动作。

（3）动作要求：身体直立，目视绳柄；把握力度，安全完成。

图 4-46　基本抛接绳（钓鱼）(1)

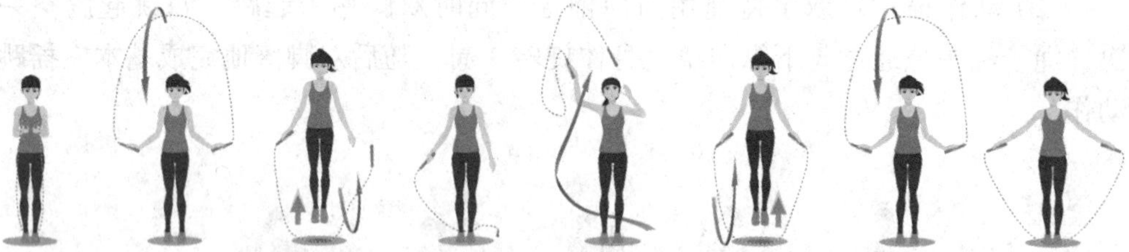

图 4-47　基本抛接绳（钓鱼）(2)

## 三十八、旋转抛接绳

（1）动作名称：旋转抛接绳（图 4-48 至图 4-50）。

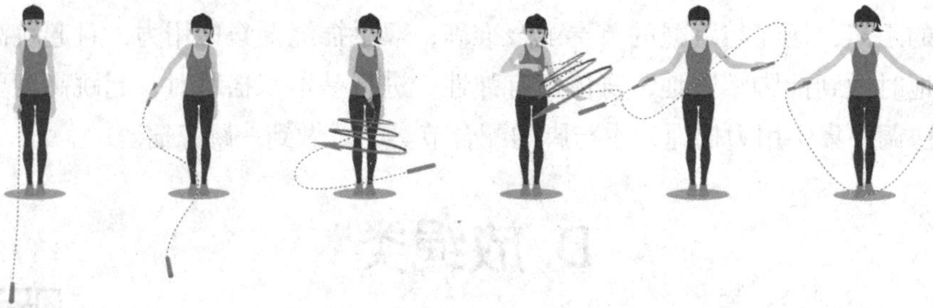

图 4-48　旋转抛接绳（模仿练习）

图 4-49　旋转抛接绳（正面示范）

图 4–50　旋转抛接绳（背面示范）

（2）动作描述：双手持绳呈准备动作。动作开始后，一只手抛放绳子并使绳柄置于地上或空中，另一只持绳手做向内或向外的旋转动作，使绳子呈旋转状态，随后抛放绳子的手顺势抓住旋转飞来的绳柄，完成旋转抛接绳动作。

（3）动作要求：身体直立，目视绳柄；把握力度，安全完成。

# E. 体操技巧类

## 三十九、分腿跳绳

（1）动作名称：分腿跳绳（图 4–51）。

图 4–51　分腿跳绳

（2）动作描述：跳绳者持绳从直立姿态下蹲呈双手于体侧撑地的姿态，同时双脚前后分开成竖叉，再由此姿态通过拉绳并跳起过绳，起身还原成直立姿态。

（3）动作要求：前后分腿时要舒展，起身时双手、腰腹部、脚部要同时发力将身体弹起。

## 四十、仰撑跳绳

（1）动作名称：仰撑跳绳（图 4–52）。

（2）动作描述：跳绳者持绳从直立姿态下蹲呈双脚前后分开的仰撑姿态，再由仰撑姿态通过拉绳并跳起过绳，起身还原成直立姿态。

（3）动作要求：仰撑时要平衡稳定，起身时双手、腰腹部、脚部要同时发力将身体弹起。

图 4-52　仰撑跳绳

# 四十一、立卧撑跳绳与俯撑跳绳

（1）动作名称：立卧撑跳绳与俯撑跳绳（图 4-53、图 4-54）。

图 4-53　立卧撑跳绳

图 4-54　俯撑跳绳

（2）动作描述：

立卧撑跳绳：跳绳者持绳从直立姿态下蹲呈双脚并拢的蹲姿，再由蹲姿呈双手持绳撑地同时双腿向后伸直的俯撑姿态，最后从俯撑姿态再经过蹲姿还原成直立姿态并跳过绳子。

俯撑跳绳：基本同立卧撑跳绳，只是从蹲姿直接拉绳过脚呈直立姿态。

（3）动作要求：俯撑时身体要舒展，起身时双手、腰腹部、脚部要同时协调发力将身体弹起。

## 四十二、倒立跳绳

（1）动作名称：倒立跳绳（图 4-55 至图 4-57）。

（2）动作描述：双手持绳从直立姿态经由单脚蹬地后俯身向下，同时呈双手持绳撑地和双脚离地的倒立姿态，随后屈腿向后上方猛力蹬伸，双手同时持绳推离地面，并跳过绳子还原成直立姿态。

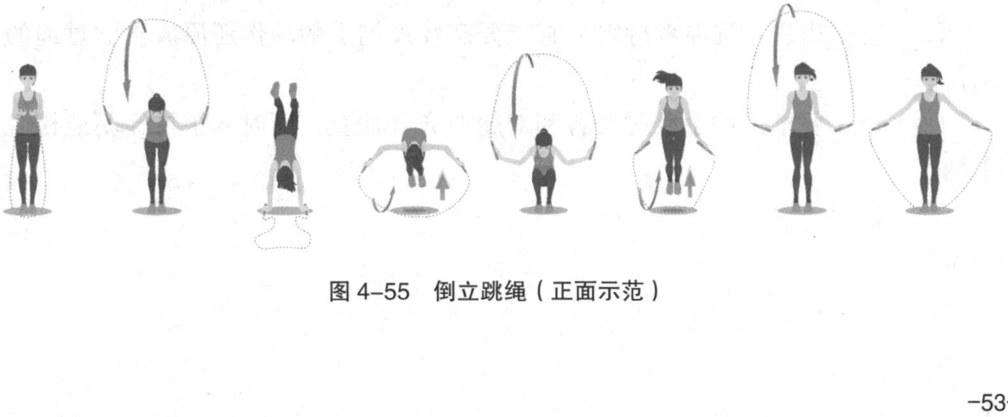

图 4-55　倒立跳绳（正面示范）

图 4–56　倒立跳绳（侧面示范）

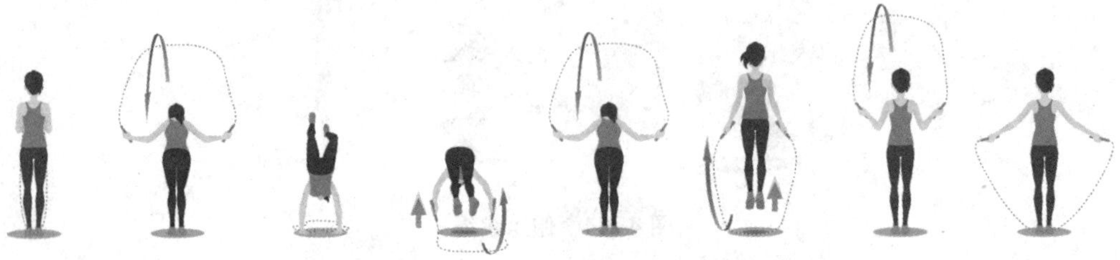

图 4–57　倒立跳绳（背面示范）

（3）动作要求：倒立时要屈腿，蹬伸双腿起身时两臂、腰腹部、脚部要同时发力将身体弹起。

## 四十三、侧手翻跳绳

（1）动作名称：侧手翻跳绳（图 4–58）。

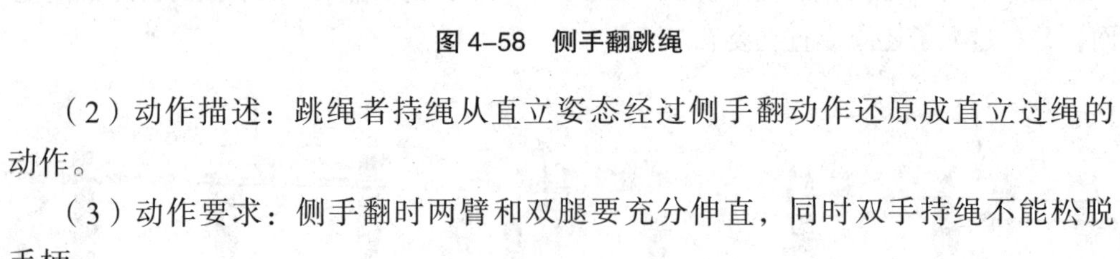

图 4–58　侧手翻跳绳

（2）动作描述：跳绳者持绳从直立姿态经过侧手翻动作还原成直立过绳的动作。

（3）动作要求：侧手翻时两臂和双腿要充分伸直，同时双手持绳不能松脱手柄。

# F. 配合类

## 四十四、一带一钻跳绳

（1）动作名称：一带一钻跳绳（图 4–59）。

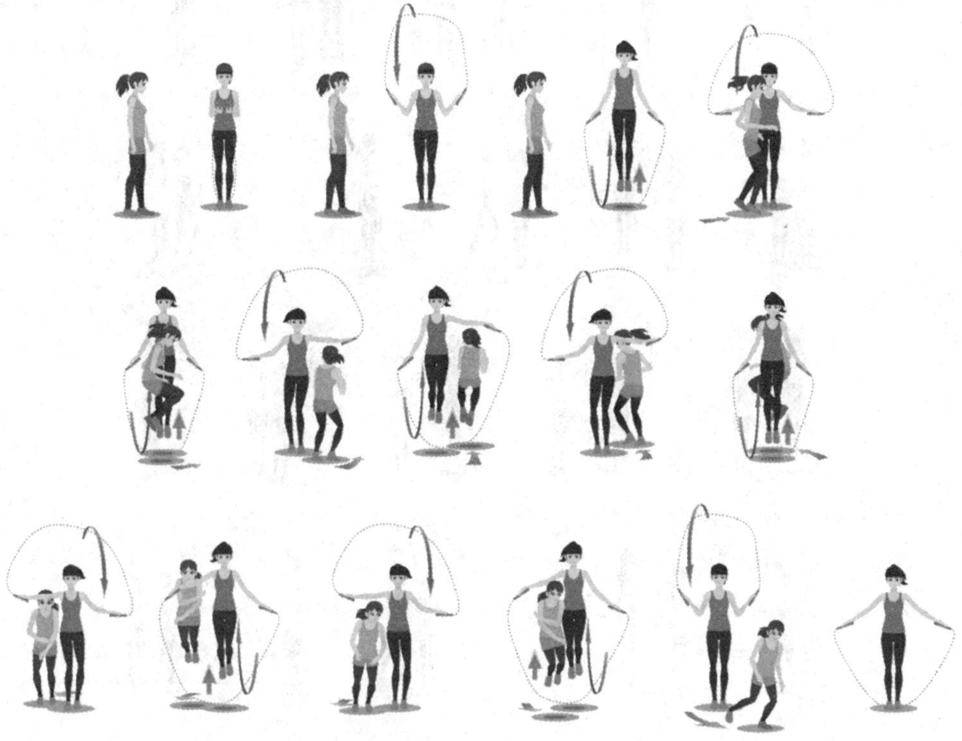

图 4–59　一带一钻跳绳

（2）动作描述：此动作由两名跳绳者共同完成，其中一人手持跳绳与另一名徒手被带者斜对面站立。动作开始后，摇绳者向前连续摇动跳绳与斜对面的被带者同时连续起跳过绳，被带者则在此过程中环绕摇绳者身体一周与其共同完成连续跳绳动作。

（3）动作要求：摇绳者在跳绳中适当张开两臂以便被带者顺利环绕其身体一周，被带者则适当降低身体重心贴近摇绳者的身体环绕一周完成配合动作。

## 四十五、前后带人跳绳

（1）动作名称：前后带人跳绳（图 4-60）。

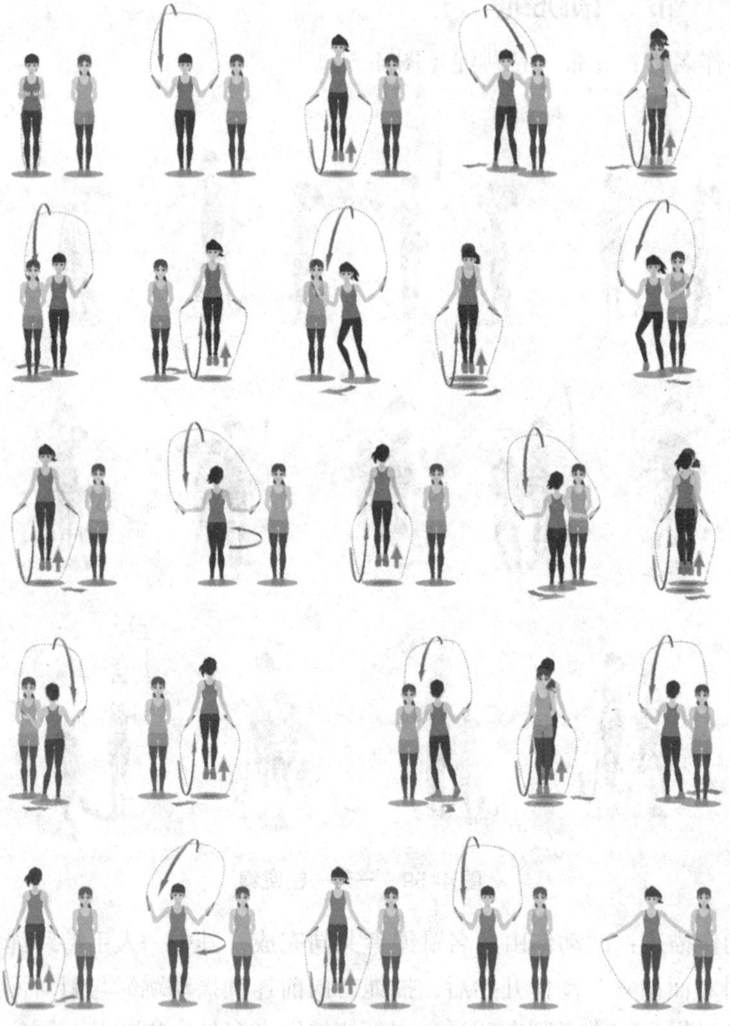

图 4-60　前后带人跳绳

（2）动作描述：此动作由两名跳绳者共同完成，其中一人手持跳绳与另一名徒手被带者左右站立。动作开始后，摇绳者向前或向后连续摇动跳绳并看准时机从原地起跳的被带者一侧将其套入绳中一同起跳过绳，随后摇绳者从被带者的另一侧跳出，并以同样或其他的跳绳方式将被带者再次套入绳中一同起跳过绳，形成摇绳者围绕被带者一周的配合跳绳动作。

（3）动作要求：摇绳者在跳绳过程中以向前或向后摇绳的方式在移动中与被带者完成各种套人动作。

# G. 单人绳组合动作及高级动作示范

## 四十六、交叉类动作组合演示

交叉类动作组合演示如图 4-61 至图 4-64 所示。

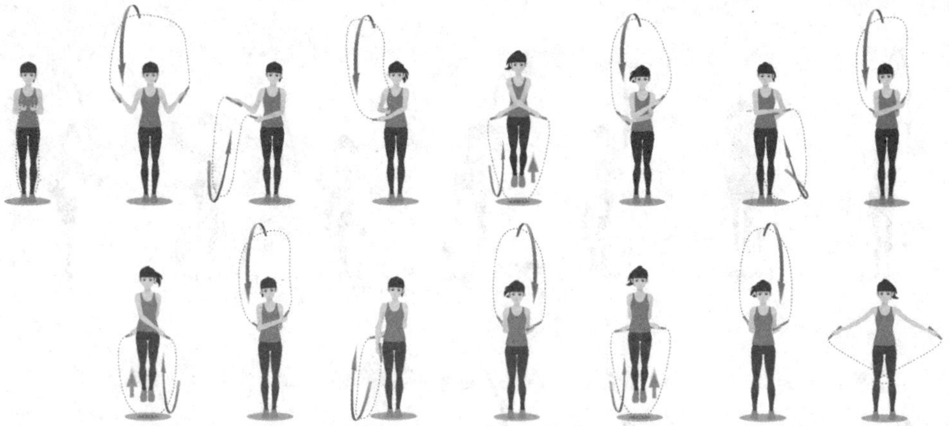

图 4-61　交叉类动作组合演示（1）（正面示范）

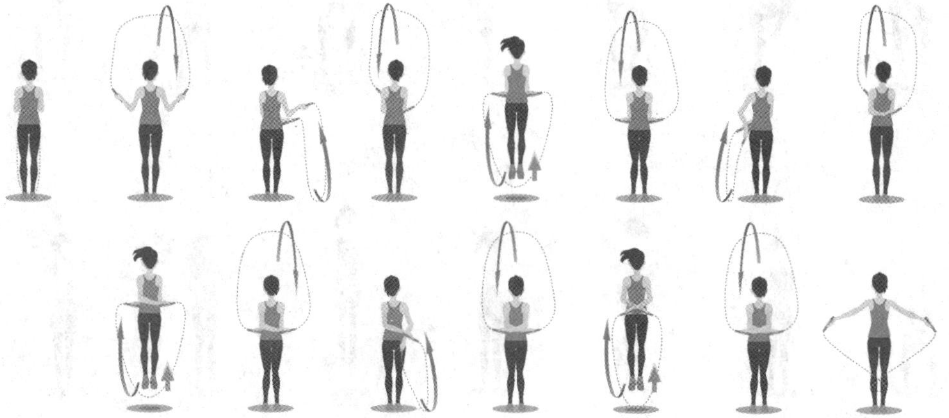

图 4-62　交叉类动作组合演示（1）（背面示范）

图 4–63　交叉类动作组合演示（2）

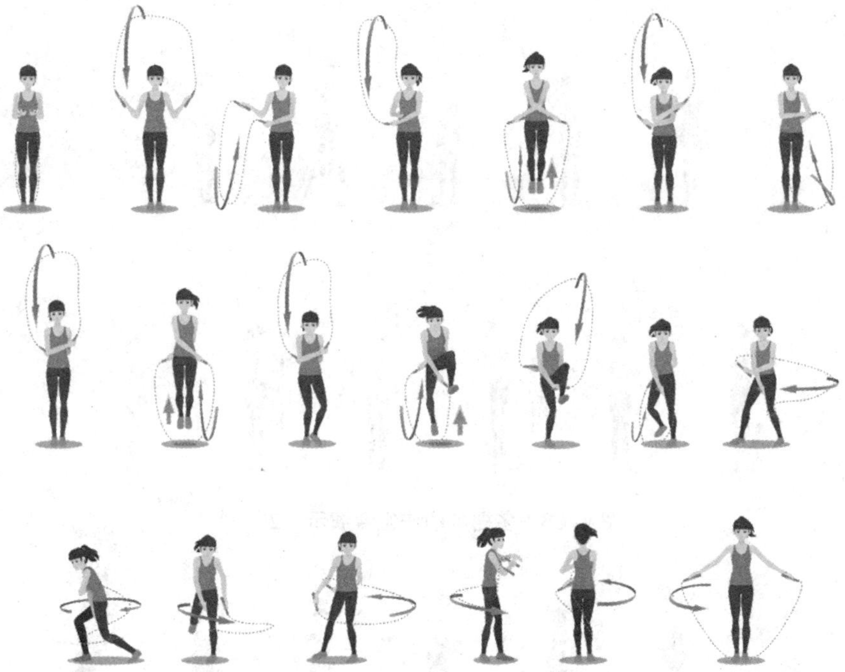

图 4–64　交叉类动作组合演示（3）

## 四十七、多摇类动作组合演示

多摇类动作组合演示如图 4–65 至图 4–69 所示。

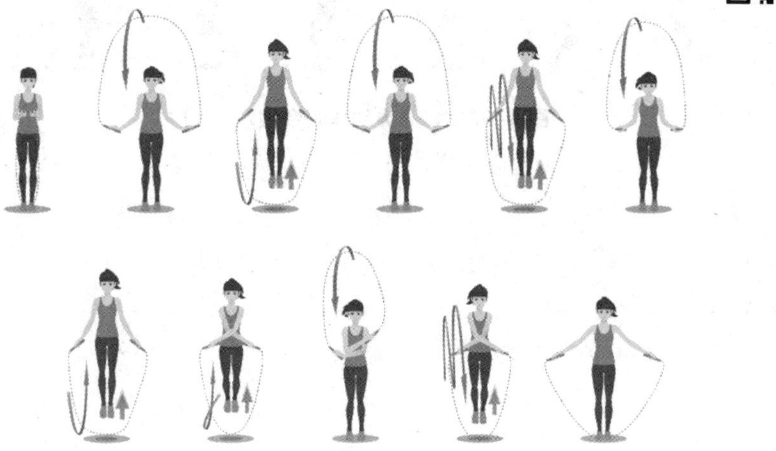

图 4–65　多摇类动作组合演示（1）

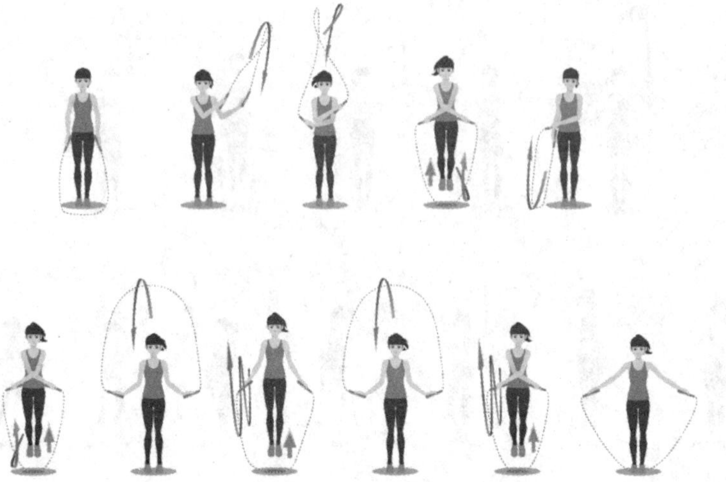

图 4-66　多摇类动作组合演示（2）

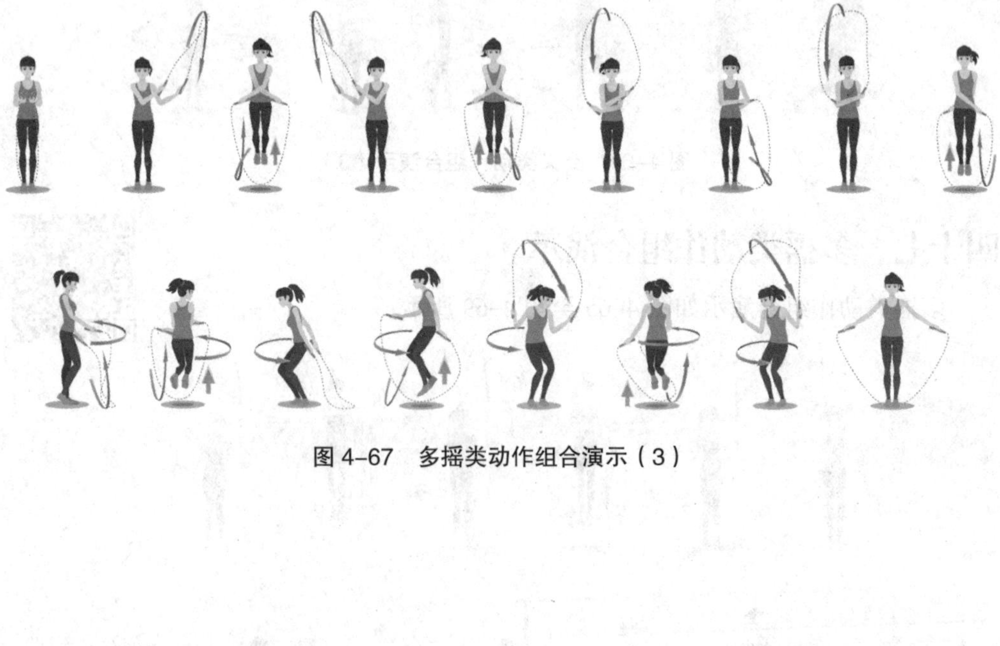

图 4-67　多摇类动作组合演示（3）

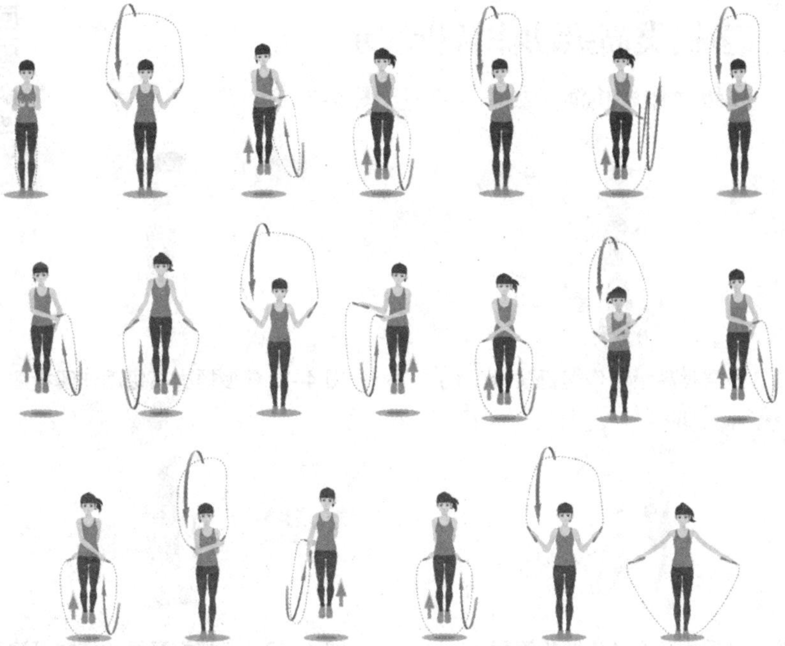

图 4–68　多摇类动作组合演示（4）（正面示范）

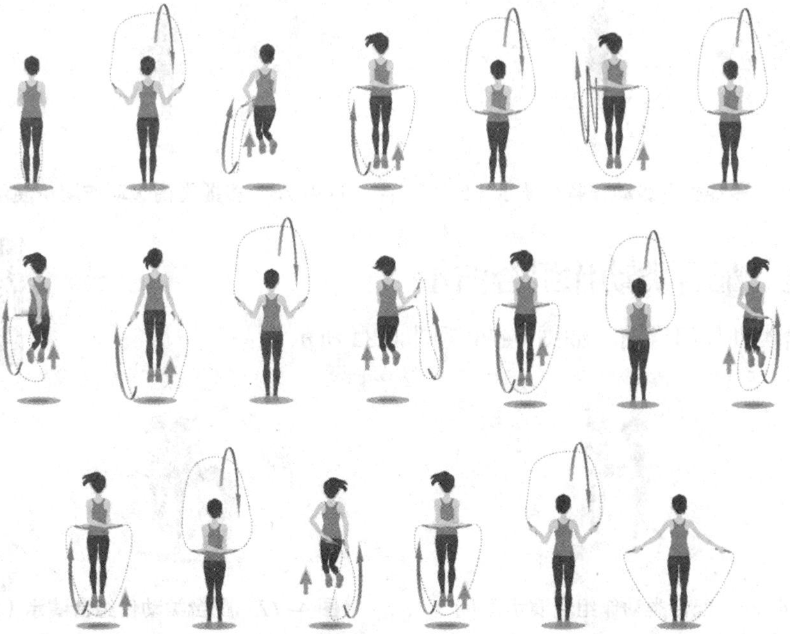

图 4–69　多摇类动作组合演示（4）（背面示范）

## 四十八、多摇类高级动作解析演示

多摇类高级动作解析演示如图 4-70 至图 4-75 所示。

图 4-70　多摇类高级动作解析演示（1）

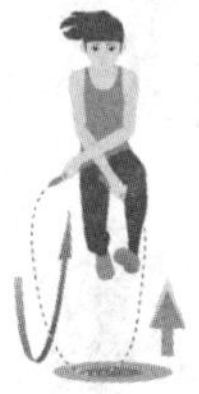

图 4-71　多摇类高级动作解析演示（2）

图 4-72　多摇类高级动作解析演示（3）

图 4-73　多摇类高级动作解析演示（4）

图 4-74　多摇类高级动作解析演示（5）

图 4-75　多摇类高级动作解析演示（6）

## 四十九、配合类动作组合演示

配合类动作组合演示如图 4-76 至图 4-82 所示。

图 4-76　配合类动作组合演示（1）

图 4-77　配合类动作组合演示（2）

图 4-78 配合类动作组合演示（3）

图 4-79 配合类动作组合演示（4）

图 4-80 配合类动作组合演示（5）

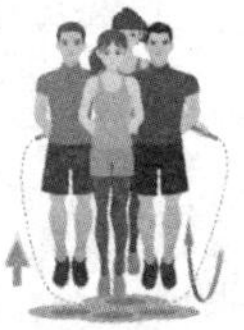

图 4-81 配合类动作组合演示（6）

图 4-82 配合类动作组合演示（7）

# 第五章　跳绳操

## 第一部分

### 一、预备动作

（1）动作名称：预备动作（图 5-1）。

图 5-1　预备动作

（2）动作描述：1×8 拍。

预备姿势：直立，双手持跳绳，将跳绳缠绕于双手手腕处置于体前。持绳原地踏步走，抬腿触碰手持的跳绳。

（3）动作要求：抬头挺胸，目视前方，踏步节奏要准确。

### 二、头部运动

（1）动作名称：头部运动（图 5-2）。

（2）动作描述：1×8 拍。

预备姿势：直立，双手持跳绳，将跳绳缠绕于双手手腕处置于体前。

1 拍，左脚向左开立，同时双手持绳拉到胸前，持绳呈前平举；2 拍，头部和躯干随持绳手臂向左侧屈伸（两臂持绳与水平面垂直）；3 拍，还原成 1 拍；4 拍，还原成预备姿势。5—8 拍同 1—4 拍，但动作方向相反。

（3）动作要求：头部与躯干的屈伸幅度要大，动作要充分舒展。

图 5-2 头部运动

## 三、体侧运动

（1）动作名称：体侧运动（图 5-3）。

图 5-3 体侧运动

（2）动作描述：2×8 拍。

预备姿势：直立，双手持跳绳，将跳绳缠绕于双手手腕处置于体前。

第一个 8 拍：1—2 拍，左脚向左开立，同时双手持绳子经体前拉至头顶，两臂伸直呈上举；3—4 拍，双脚保持开立，两臂保持伸直，同时双手拉绳带动躯干向左屈伸；5—6 拍，还原成 1—2 拍动作；7—8 拍，双手持绳从头顶经体前还原成预备姿势。

第二个 8 拍：同第一个 8 拍，但动作方向相反。

（3）动作要求：体侧运动时，躯干向左右两侧的倾斜幅度随两臂拉绳要达到 45 度以上。

## 四、体转运动

（1）动作名称：体转运动（图 5-4）。

图 5-4　体转运动

（2）动作描述：2×8 拍。

预备姿势：直立，双手持跳绳，将跳绳缠绕于双手手腕处置于体前。

第一个 8 拍：1—2 拍，左脚向左开立，同时双手持绳子经体前拉至胸前，两臂伸直呈前平举；3—4 拍，双脚保持开立，两臂保持伸直，同时双手拉绳带动躯干向左侧转动；5—6 拍，还原成 1—2 拍动作；7—8 拍，双手持绳经体前还原成预备姿势。

第二个 8 拍：同第一个 8 拍，但动作方向相反。

（3）动作要求：体转运动时，躯干向左右两侧的转体幅度随两臂拉绳应达到 180 度。

## 五、全身运动

（1）动作名称：全身运动（图 5-5）。

（2）动作描述：2×8 拍。

预备姿势：直立，双手持跳绳，将跳绳缠绕于双手手腕处置于体前。

第一个 8 拍：1—2 拍，左脚向左开立，同时双手持绳子经体前拉至头顶，两臂伸直呈上举；3—4 拍，双脚保持开立，两臂保持伸直，同时双手拉绳经体前带动躯干向下屈伸；5—6 拍，左脚靠拢右脚，同时做下蹲动作，双手拉绳至小腿前；7—8 拍，还原成预备姿势。

第二个 8 拍：同第一个 8 拍，但动作方向相反。

（3）动作要求：做向下屈伸动作时，绳子应尽量接触地面；做并脚下蹲时需要完成全蹲动作。

图 5–5　全身运动

## 六、踢腿运动

（1）动作名称：踢腿运动（图 5–6）。

图 5–6　踢腿运动

（2）动作描述：1 × 8 拍。

预备姿势：直立，双手持跳绳，将跳绳缠绕于双手手腕处置于体前。

1 拍，左脚向前一步，同时双手持绳子经体前拉至胸前，两臂伸直呈前平举；2 拍，右腿伸直向前上方踢腿触碰双手所持绳子，同时持绳手臂保持伸直呈前平举；

3 拍，右腿下落，还原成直立；4 拍，持绳手臂经体前回落至预备姿势；5—8 拍，同 1—4 拍，但动作方向相反。

（3）动作要求：踢腿时，脚面下压，腿部尽量伸直，用脚面和小腿触碰绳子。

## 七、跳两人一绳

（1）动作名称：跳两人一绳（图 5–7）。

图 5–7　两人一绳

（2）动作描述：9 × 8 拍。

第一个 8 拍：邻近的两名跳绳者通过踏步面对面走到一起，同时位于右侧的跳绳者将自己的跳绳对折放于其左手持握，并用右手接住位于左侧跳绳者递来的跳绳，两名跳绳者面对面间隔两米，呈两人一绳准备姿态。

第二个 8 拍：1—4 拍，两人持一绳空摇绳打地两次；5—8 拍，空摇绳快速上摆四次。

第三个 8 拍：同第二个 8 拍。

第四个 8 拍：1—4 拍，两人持一绳空摇绳打地两次；5—8 拍，位于左侧的摇绳者进入绳中起跳两次。

第五个 8 拍：1—4 拍，两人持一绳还原成空摇绳打地两次；5—8 拍，位于右侧的摇绳者进入绳中起跳两次。

第六、第七个 8 拍：还原成第二、第三个 8 拍。

第八个 8 拍：1—4 拍，两人持一绳空摇绳打地两次；5—8 拍，两侧的摇绳者同时进入绳中起跳两次。

第九个 8 拍：同第八个 8 拍。

（3）动作要求：两人结合跳绳要迅速，摇绳与跳绳动作配合音乐要准确无误。

## 八、带人跳绳与持绳造型

（1）动作名称：带人跳绳与持绳造型（图 5-8）。

图 5-8　带人跳绳与持绳造型

（2）动作描述：4×8 拍。

第一、第二个 8 拍：位于右侧的跳绳者将其右手中的跳绳交还于左侧的跳绳者，同时用其左手中对折的跳绳从左侧的跳绳者腰部一侧套住对方，左侧的跳绳者则与右侧的跳绳者面对面并且双手持绳做准备带人跳的动作，此时由两人一绳变为带人跳绳的准备姿态。

第三个 8 拍：左侧的跳绳者带右侧的跳绳者跳绳四次。

第四个8拍：两名跳绳者各自分开并各持一绳组成第一部分结束时的持绳造型。

（3）动作要求：两人结合成带人跳绳动作要迅速，摇跳动作配合音乐要准确无误。

# 第二部分

## 一、预备动作

（1）动作名称：预备动作（图 5–9）。

图 5–9　预备动作

（2）动作描述：2×8 拍。

从第一部分结束的持绳造型转换成两臂侧平举、持绳原地踏步走的散开队形。

（3）动作要求：抬头挺胸，目视前方。

## 二、左右摆绳

（1）动作名称：左右摆绳（图 5–10）。

图 5-10 左右摆绳

（2）动作描述：1×8 拍。

1—2 拍，跳绳者双手持绳向身体左侧摆动跳绳一周；3—4 拍，双手持绳向身体右侧摆动跳绳一周；5—6 拍，同 1—2 拍；7—8 拍，同 3—4 拍。

（3）动作要求：身体直立，抬头挺胸，目视前方；摆绳时膝关节放松，身体重心随摆绳节奏上下协调起伏。

## 三、并脚跳绳

（1）动作名称：并脚跳绳（图 5-11）。

图 5-11 并脚跳绳

（2）动作描述：1×8 拍。

1—2 拍，跳绳者双手向前摇动跳绳，双脚起跳并在空中过绳，随后双脚同时落地；3—4、5—6、7—8 拍，同 1—2 拍。

（3）动作要求：身体直立，抬头挺胸，目视前方；摇跳动作轻松自然，节奏感强。

## 四、单脚交换跳绳

（1）动作名称：单脚交换跳绳（图 5-12）。

图 5-12　单脚交换跳绳

（2）动作描述：1×8 拍。

1 拍，跳绳者双手向前摇动跳绳，起跳后在空中过绳，随后单脚落地；2 拍，跳绳者双手向前继续摇动跳绳，落地脚起跳后在空中过绳，随后另一只脚落地；3、5、7 拍，同 1 拍；4、6、8 拍，同 2 拍；循环进行单脚交换跳绳动作。

（3）动作要求：身体直立，抬头挺胸，目视前方；单脚轮流起跳和落地，做到一拍一动交替过绳；摇跳动作轻松自然，节奏感强。

## 五、开合跳绳

（1）动作名称：开合跳绳（图 5-13）。

图 5-13　开合跳绳

（2）动作描述：1×8 拍。

1 拍，跳绳者双手向前摇动跳绳，双脚起跳后在空中过绳时左右打开，随后双脚以开立动作落地；2 拍，跳绳者双手向前继续摇动跳绳，落地脚再以左右开立动作起跳后在空中过绳，随后双脚并拢落地；3、5、7 拍，同 1 拍；4、6、8 拍，同 2 拍。循环进行开合跳绳动作。

（3）动作要求：身体直立，抬头挺胸，目视前方；双脚一拍一动交替开合起跳过绳和落地；摇跳动作轻松自然，节奏感强。

## 六、弓步跳绳

（1）动作名称：弓步跳绳（图 5-14）。

图 5-14　弓步跳绳

（2）动作描述：1×8 拍。

1 拍，跳绳者双手向前摇动跳绳，双脚起跳后在空中过绳时将双脚前后打开，随后双脚以左脚在前、右脚在后的弓步动作落地；2 拍，跳绳者双手向前继续摇动跳绳，落地脚再以前后弓步动作起跳后在空中过绳，随后双脚并拢落地；3、5、7 拍，同 1 拍，其中 3、7 拍动作是右脚在前、左脚在后呈弓步跳；4、6、8 拍，同 2 拍。循环进行弓步跳绳动作。

（3）动作要求：身体直立，抬头挺胸，目视前方；双脚一拍一动交替弓步起跳过绳和落地；摇跳动作轻松自然，节奏感强。

## 七、左右摆绳

动作同“二、左右摆绳”。

## 八、前转后跳绳

（1）动作名称：前转后跳绳（图 5-15）。

图 5-15　前转后跳绳

（2）动作描述：2×8 拍。

第一个 8 拍：跳绳者向身体左侧摆绳，同时身体向左后方转体 180 度，形成后摇跳绳动作。

第二个 8 拍：跳绳者继续后摇跳，最后一拍双脚踩绳呈两臂拉绳展开的停绳姿态。

（3）动作要求：身体直立，抬头挺胸，目视前方，转身流畅；后摇跳绳动作轻松自然，节奏感强。

## 九、缠绕绳造型

（1）动作名称：缠绕绳造型（图 5-16）。

（2）动作描述：4×8 拍。

第一个 8 拍：持绳者右脚从外向内缠绕勾住停在脚下的绳子。

第二个 8 拍：持绳者向左后方转体 180 度，同时左臂持绳从头部顺势绕环，使右脚解开缠绕的绳子，并在转体后将绳子踩在左脚下，呈两臂拉绳伸展及左脚停绳的状态。

图 5-16 缠绕绳造型

第三个 8 拍：持绳者两臂伸展拉绳，同时使绳子带动左脚随之向左侧抬起呈水平位置后落下。

第四个 8 拍：持绳者换成右脚踩绳，两臂伸展拉绳，同时使绳子带动右脚随之向右侧抬起呈水平位置后落下。

（3）动作要求：身体直立，抬头挺胸，目视前方；缠绕绳的姿态自然流畅，动作变化时节奏把握准确。

## 十、调整动作

（1）动作名称：调整动作（图 5-17）。

图 5–17　调整动作

（2）动作描述：2×8 拍。

第一个 8 拍：持绳者踏步。

第二个 8 拍：持绳者身体直立，双脚并拢，一拍一动，微屈膝关节，身体重心随之上下起伏。

（3）动作要求：身体直立，抬头挺胸，目视前方；两臂侧平举踏步走，要调整好邻近跳绳者彼此间的位置（间隔 3 米）；踏步走和身体重心起伏动作轻松自然，节奏准确。

## 十一、左右摆绳

动作同“二、左右摆绳”。

## 十二、并脚跳绳

动作同“三、并脚跳绳”。

## 十三、立卧撑跳绳

（1）动作名称：立卧撑跳绳（图 5–18）。

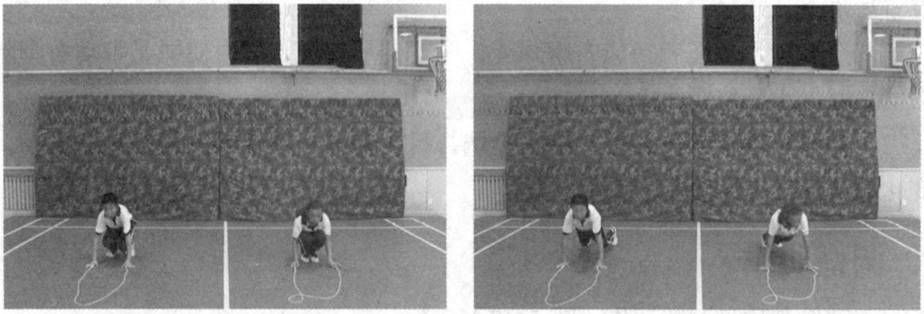

图 5-18　立卧撑跳绳

（2）动作描述：2×8 拍。

第一个 8 拍：跳绳者双手向前摇动跳绳，同时双脚并拢身体下蹲并将绳子置于体前的地面上。

第二个 8 拍：1—2 拍，持绳者呈双脚并拢的下蹲动作并向后伸展双腿呈俯撑动作；3—4 拍，持绳者双腿收回还原成双脚并拢的下蹲动作；5—6 拍，身体还原成直立，做一次并脚跳绳；7—8 拍，同 5—6 拍。

（3）动作要求：立卧撑动作要规范，节奏准确。

## 十四、手臂交叉跳绳

（1）动作名称：手臂交叉跳绳（图 5-19）。

图 5-19　手臂交叉跳绳

（2）动作描述：1×8 拍。

1 拍，跳绳者两手臂呈交叉动作向前摇动绳子，随后起跳并在空中跳过交叉状态的绳子后落地；2 拍，跳绳者双手继续向前摇动并打开交叉状态的跳绳，随后起跳并在空中过绳后落地；3、5、7 拍，同 1 拍；4、6、8 拍，同 2 拍，完成手臂交叉跳绳动作。

（3）动作要求：身体直立，抬头挺胸，目视前方；两臂向前摇绳交叉于腰腹两侧并位于同一水平线上；摇跳动作轻松自然，节奏感强。

## 十五、结束姿态

（1）动作名称：结束姿态（图 5–20）。

图 5–20 结束姿态

（2）动作描述：跳绳者将跳绳踩在双脚下，手臂向左右两侧伸展拉绳，呈结束姿态。

（3）动作要求：身体直立，双脚并拢，两臂拉绳伸展，抬头挺胸，目视前方。

# 第六章　两人两绳连锁跳

## 一、两人两绳同步跳

（1）动作名称：两人两绳同步跳（图 6–1）。

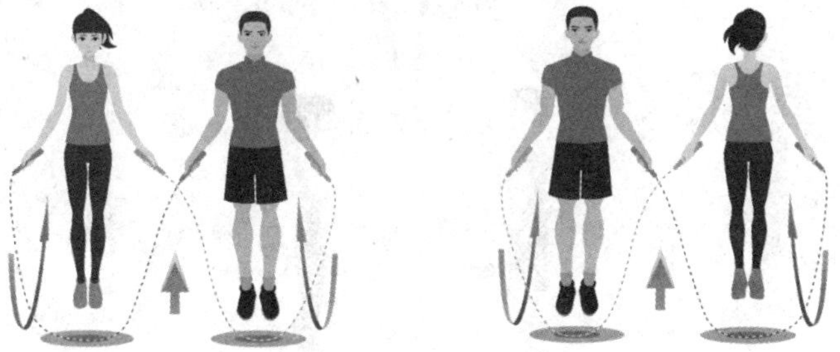

图 6–1　两人两绳同步跳

（2）动作描述：两人分别用临近手互持对方跳绳一端，同向或异向左右并排站立。动作开始时同时摇动跳绳，两人同时跳过绳子。

（3）动作要求：身体直立，目视前方，面部表情自然；动作配合节奏同步；左右两人以相互摇跳的方式同时摇动和跳过绳子。

## 二、两人两绳手臂交叉跳

（1）动作名称：两人两绳手臂交叉跳（图 6–2）。

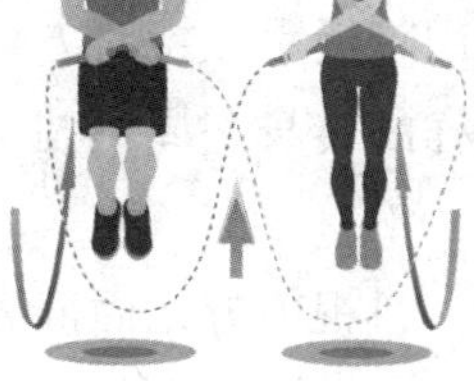

图 6–2　两人两绳手臂交叉跳

（2）动作描述：两人分别用临近手互持对方跳绳一端，同向左右并排站立。动作开始后，两人同时采用单人绳花样的基本交叉跳技术，使两人同时相互以手臂交叉的方式摇跳过绳子。

（3）动作要求：身体直立，目视前方，面部表情自然；动作配合节奏同步，手臂交叉时两人要保持同一侧手臂在上，另一侧手臂在下。

## 三、两人两绳前后转换跳

（1）动作名称：两人两绳前后转换跳（图 6-3）。

图 6-3 两人两绳前后转换跳

（2）动作描述：两人分别用临近手互持对方跳绳一端，面对面站立。动作开始时，左右两人同时采用单人绳花样的前后转换跳技术，使两人同时向内转体半周呈后摇以及前摇的转向变化跳绳姿势。

（3）动作要求：身体直立，目视前方，面部表情自然；动作配合节奏同步，前后摇绳时不改变摇绳的速度与节奏。

## 四、两人两绳向内转体一周跳

（1）动作名称：两人两绳向内转体一周跳（图 6-4）。

（2）动作描述：两人分别用临近手互持对方跳绳的一端，背对背站立。动作开始时，两人依次采用单人绳花样的转身一周跳技术，然后两人同时向内转体一周后过绳。

（3）动作要求：身体直立，目视前方，面部表情自然；动作配合节奏同步，转身一周时不改变摇绳的速度与节奏。

图 6–4　两人两绳向内转体一周跳

## 五、两人两绳换位跳

（1）动作名称：两人两绳换位跳（图 6–5）。

图 6–5　两人两绳换位跳

（2）动作描述：两人分别用临近手互持对方跳绳一端，同向左右并排站立。动作开始时，两人双手同时向前摇动跳绳，随后采用同向的前后交错及左右移动的方式，使两人以交换左右位置的方法完成两人两绳换位跳技术。

（3）动作要求：两人要同时移动，左右到位后再起跳过绳完成动作。

## 六、两人两绳双摇跳

（1）动作名称：两人两绳双摇跳（图 6–6）。

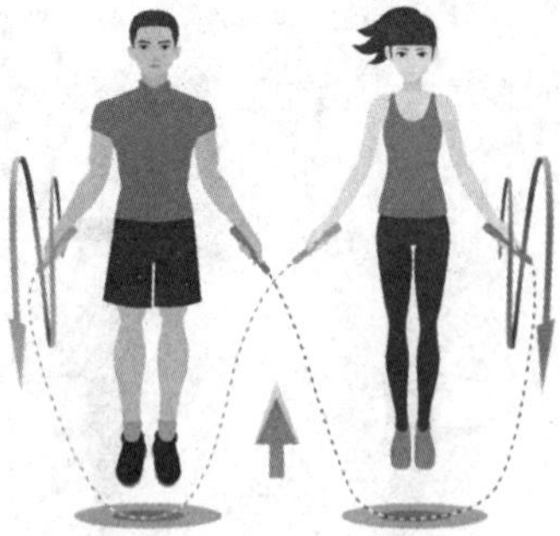

图 6-6　两人两绳双摇跳

（2）动作描述：两人分别用临近手互持对方跳绳一端，同向左右并排站立。动作开始时，两人同时采用单人绳花样的双摇跳技术，以起跳一次后在空中过绳两周的方式完成两人两绳双摇跳动作。

（3）动作要求：身体直立，两人要同时从单摇动作过渡到双摇动作。

# 第七章　车轮跳

## A. 两人车轮跳基本动作

### 一、基本前摇跳

（1）动作名称：基本前摇跳（图 7–1）。

图 7–1　基本前摇跳

（2）动作描述：两人同向左右并排站立，分别用临近手互持对方跳绳一端，绳子置于两人身后。动作开始时，两人同侧手同时摇动跳绳（绳子置于上方的持绳手向上摇绳，绳子置于下方的持绳手向下摇绳），使两人互握的绳子呈一上一下、一前一后交替起落的运动状态，同时两人随同各自位置绳子的运动状态交替起跳和落地，呈先后交替跳过绳子的车轮式前摇跳绳技术。

（3）动作要求：身体直立，车轮跳动作节奏配合稳定，肢体动作及面部表情自然放松。

### 二、基本后摇跳

（1）动作名称：基本后摇跳（图 7–2）。

图 7–2　基本后摇跳

（2）动作描述：两人同向左右并排站立，分别用临近手互持对方跳绳一端，绳子置于两人身前。动作开始时，两人同侧手同时摇动跳绳（绳子置于上方的持绳手向上摇绳，绳子置于下方的持绳手随后摇绳），使左右两人互握的绳子呈一上一下、一前一后交替起落的运动状态，同时两人随同各自位置绳子的运动状态交替起跳和落地，呈先后交替跳过绳子的车轮式后摇跳绳技术。

（3）动作要求：身体直立，车轮跳动作节奏配合稳定，肢体动作及面部表情自然放松。

## 三、前后转换跳

（1）动作名称：前后转换跳（图 7–3）。

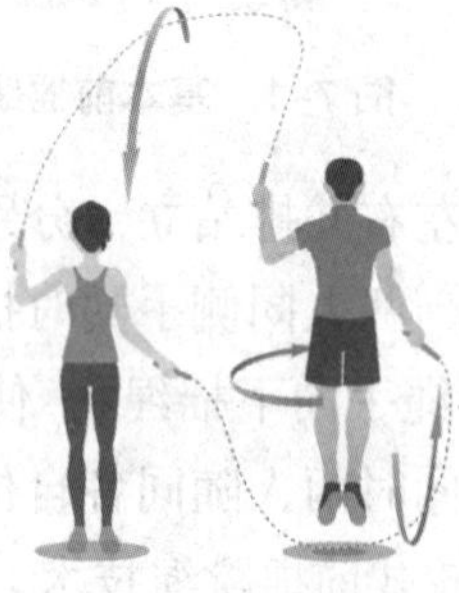

图 7–3　前后转换跳

（2）动作描述：两人同向左右并排站立，分别用临近手互持对方跳绳一端，绳子置于两人身后。动作开始时，两人呈车轮式基本前摇跳动作，并分别在内侧持绳手向下摇绳时，身体先后面对面或同向转体呈基本后摇跳以及还原成基本前摇跳的前后转换车轮跳动作。

（3）动作要求：身体直立，肢体动作放松，面部表情自然；车轮跳动作节奏配合稳定，前后转换跳动作配合一致流畅。

## 四、向内转体一周跳

（1）动作名称：向内转体一周跳（图 7–4）。

图 7–4　向内转体一周跳

（2）动作描述：两人同向左右并排站立，分别用临近手互持对方跳绳一端，绳子置于两人身后。动作开始时，两人呈车轮式基本前摇跳动作，并分别在内侧持绳手向下摇绳时两人身体先后向内（面对面）转体 360 度，呈向内转体一周的两人车轮跳动作。

（3）动作要求：身体直立，肢体动作放松，面部表情自然；车轮跳动作节奏配合稳定，转身一周动作配合一致流畅。

## 五、基本交叉跳

（1）动作名称：基本交叉跳（图 7–5）。

图 7–5　基本交叉跳

（2）动作描述：准备状态和动作开始同车轮式基本前摇跳。做基本交叉跳时，两人两边的同侧手分别向身体内侧下方依次做交叉及打开的动作，并在此过程中形成依次起跳过绳的车轮式基本交叉跳技术。

（3）动作要求：身体直立，肢体动作放松，面部表情自然；车轮跳动作节奏配合稳定，手臂交叉及双脚起跳动作依次到位。

## 六、基本换位跳

（1）动作名称：基本换位跳（图 7–6）。

图 7–6　基本换位跳

（2）动作描述：准备状态和动作开始同车轮式基本前摇跳。做基本换位跳时，左右两边的跳绳者利用车轮跳基本动作，同时前后交错并左右移动交换位置，形成车轮式基本换位跳技术。

（3）动作要求：保持良好的身体姿态和稳定均匀的车轮跳动作配合节奏；换位时两人面向前方，彼此前后距离尽量靠近，迅速交换位置后两人仍然左右站在同一水平面上起跳过绳；换位动作自然流畅。

## 七、基本双摇跳

（1）动作名称：基本双摇跳（图 7–7）。

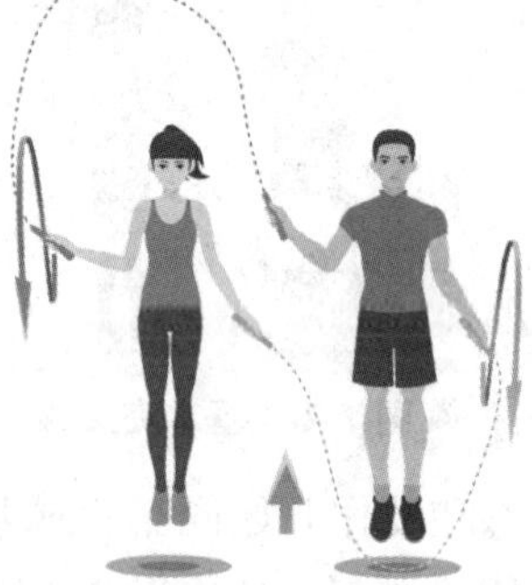

图 7–7　基本双摇跳

（2）动作描述：准备状态和动作开始同车轮式基本前摇跳。做基本双摇跳时，左右两人同时加快摇绳和起跳速度，使两人依次在腾空落地前完成基本双摇跳技术。

（3）动作要求：保持良好的身体姿态和稳定加快的车轮跳动作配合节奏，双摇跳动作衔接流畅。

# B. 两人车轮跳提高动作

## 八、异侧手胯下交叉跳

（1）动作名称：异侧手胯下交叉跳（图 7–8）。

图 7–8　异侧手胯下交叉跳

（2）动作描述：准备状态和动作开始同车轮式基本前摇跳。做异侧手胯下交叉跳时，两人两边的同侧手分别向身体内侧下方依次做交叉动作，并将手置于自己抬起的异侧胯下部位，两人先后跳过绳子后，再从胯下交叉状态依次打开跳绳，还原成基本车轮跳，完成车轮式异侧手胯下交叉跳技术。

（3）动作要求：身体直立，肢体动作放松，面部表情自然；手臂交叉动作到位，抬腿幅度要高；车轮跳动作配合节奏始终稳定。

## 九、一手背后一手腹前交叉跳

（1）动作名称：一手背后一手腹前交叉跳（图 7–9、图 7–10）。

（2）动作描述：准备状态和动作开始同基本前摇跳。做一手背后一手腹前交叉跳时，两人两边的同侧手分别先后向身后及体前运动，形成一手背后一手腹前交叉的车轮跳动作，两人先后跳过绳子后再依次打开摇绳手臂还原成基本前摇跳，完成一手背后一手腹前交叉跳技术。

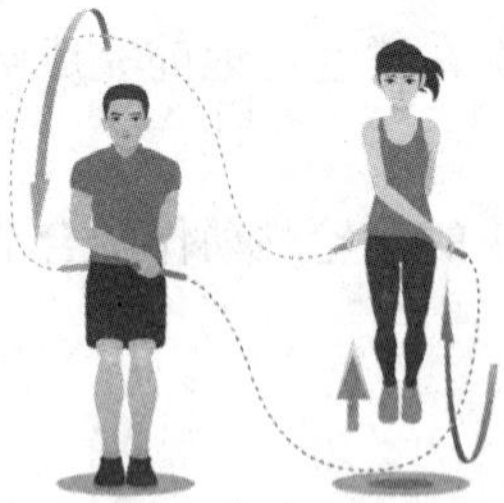

图 7-9　一手背后一手腹前交叉跳（正面示范）

图 7-10　一手背后一手腹前交叉跳（背面示范）

（3）动作要求：身体直立，肢体动作放松，面部表情自然；手臂交叉动作到位，车轮跳动作配合节奏稳定。

## 十、转身与交叉动作的结合跳法

（1）动作名称：转身与交叉动作的结合跳法（图 7-11）。

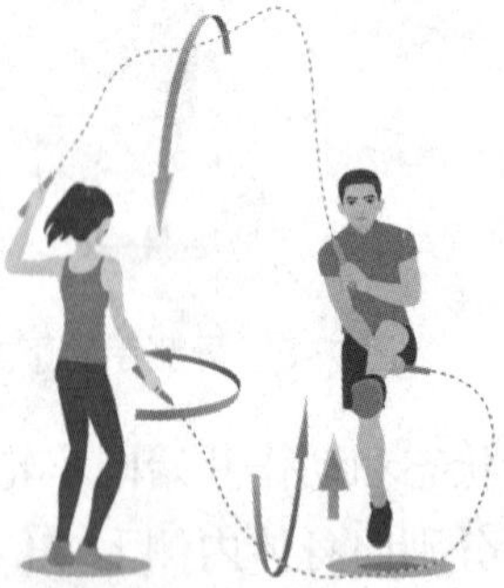

图 7-11　转身与交叉动作的结合跳法

（2）动作描述：准备状态和动作开始同基本前摇跳。做此种结合跳法时，左右两人分别利用各种转身类和交叉类的车轮跳动作相结合，形成转身类和交叉类同时组合的两人车轮跳动作配合。

（3）动作要求：保持良好的身体姿态以及稳定均匀的车轮跳动作配合节奏；各种动作搭配合理，完成流畅。

## 十一、交叉与换位动作的结合跳法

（1）动作名称：交叉与换位动作的结合跳法（图 7-12）。

图 7–12　交叉与换位动作的结合跳法

（2）动作描述：准备状态和动作开始同基本前摇跳。做此种结合跳法时，左右两人分别利用车轮跳的基本交叉和各种特殊交叉技术，与车轮跳的基本换位动作相结合，形成车轮跳交叉类与换位类组合的两人车轮跳配合动作。

（3）动作要求：保持良好的身体姿态以及稳定均匀的车轮跳动作配合节奏；各种动作搭配合理，完成流畅。

## 十二、转身与换位动作的结合跳法

（1）动作名称：转身与换位动作的结合跳法（图 7–13）。

图 7–13　转身与换位动作的结合跳法

（2）动作描述：准备状态和动作开始同基本前摇跳。做此种结合跳法时，左右两人利用车轮跳前后转身跳技术，并与换位动作相结合，形成转身类与换位类组合的两人车轮跳配合动作。

（3）动作要求：保持良好的身体姿态以及稳定均匀的车轮跳动作配合节奏；各种动作搭配合理，完成流畅。

## 十三、双摇与交叉及转身动作的结合跳法

（1）动作名称：双摇与交叉及转身动作的结合跳法（图 7–14）。

图 7–14　双摇与交叉及转身动作的结合跳法

（2）动作描述：准备状态和动作开始同基本前摇跳。做此种结合跳法时，左右两人同时利用基本双摇跳技术，并与各种交叉及转身技术相结合的车轮跳动作形成双摇与交叉类组合的两人车轮跳配合动作。

（3）动作要求：保持良好的身体姿态以及稳定的车轮跳双摇跳动作配合节奏；各种动作搭配合理，完成流畅。

## 十四、体操技巧与转身动作的结合跳法

（1）动作名称：体操技巧与转身动作的结合跳法（图 7–15）。

图 7–15　体操技巧与转身动作的结合跳法

（2）动作描述：准备状态和动作开始同基本前摇跳。做此种结合跳法时，左右两人分别利用一侧人做侧手翻、另一侧人做向内转体一周的转身动作，形成体操技

巧与转身动作组合的两人车轮跳配合动作。

（3）动作要求：两人适当向前移动做完整动作，身体重心和摇绳节奏要稳定，动作配合流畅。

# C. 车轮跳高级动作及成套动作示范

## 十五、换手前后转换跳

换手前后转换跳如图 7-16 至图 7-19 所示。

图 7-16　换手前后转换跳（1）（正面示范）

图 7-17　换手前后转换跳（1）（背面示范）

图 7-18　换手前后转换跳（2）（正面示范）

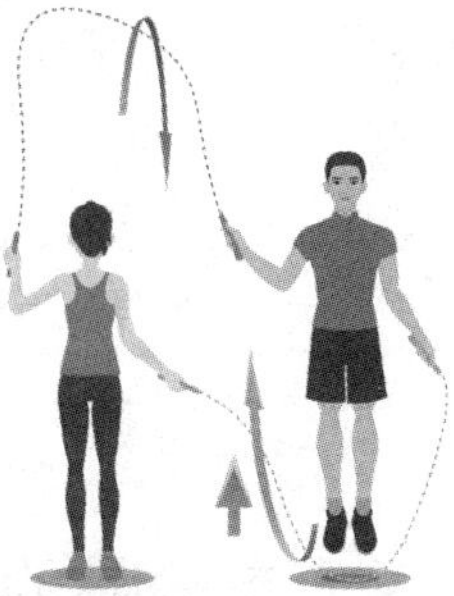

图 7-19　换手前后转换跳（2）（背面示范）

## 十六、特殊交叉与转身动作的结合跳法

特殊交叉与转身动作的结合跳法如图 7-20 所示。

图 7-20　特殊交叉与转身动作的结合跳法

## 十七、特殊转身与特殊换位动作的结合跳法

特殊转身与特殊换位动作的结合跳法如图 7-21 所示。

图 7-21　特殊转身与特殊换位动作的结合跳法

## 十八、三人车轮跳的换位、转身、交叉动作的结合跳法

三人车轮跳的换位、转身、交叉动作的结合跳法如图 7-22 所示。

图 7-22 三人车轮跳的换位、转身、交叉动作的结合跳法

## 十九、四人车轮跳的转身与换位动作的结合跳法

四人车轮跳的转身与换位动作的结合跳法如图 7-23 所示。

图 7-23 四人车轮跳的转身与换位动作的结合跳法

## 二十、多人配合的似车轮跳跳法

多人配合的似车轮跳跳法如图 7-24 至图 7-26 所示。

图 7-24　多人配合的似车轮跳跳法（1）

图 7-25　多人配合的似车轮跳跳法（2）

图 7-26　多人配合的似车轮跳跳法（3）

# 第八章　交互绳

## A. 交互绳的基本技术

### 一、基本内摇跳

（1）动作名称：基本内摇跳（图 8-1 至图 8-3）。

图 8-1　基本内摇跳（摇绳）

图 8-2　基本内摇跳（进绳）

图 8-3　基本内摇跳（出绳）

（2）动作描述：

摇绳者：两人双手相互持两条长绳，面对面站立，使两条长绳呈平行的静止状态。动作开始时，两人同时以同一边的手臂在胸前交替做向内画圆的摇绳动作，带动两条长绳呈一上一下、一内一外相互交错起落的摇绳方式。

跳绳者：进绳方法是跳绳者要观察距离自己最近的长绳，待其摇至最高点时，迅速跑入两摇绳者之间的中心位置，首先跳过下落的观察绳，紧接着跳过另一条下落的长绳，以此方式循环跳绳；出绳方法是当跳绳者进入长绳中跳绳数量为单数时，如 1、3、5、7……要从其进绳位置的对面方向跳出长绳，当跳绳者进入长绳中跳绳数量为双数时，如 2、4、6、8……则要从其进绳位置的同侧方向跳出长绳。

（3）动作要求：摇绳弧度饱满，跳绳轻松自然。

## 二、基本外摇跳

（1）动作名称：基本外摇跳（图 8-4 至图 8-6）。

图 8-4　基本外摇跳（摇绳）

图 8-5　基本外摇跳（进绳）

图 8-6　基本外摇跳（出绳）

（2）动作描述：

摇绳者：两人双手相互持两条长绳，面对面站立，使两条长绳呈平行的静止状态。动作开始时，两人同时以同一边的手臂在胸前交替做向外画圆的摇绳动作，带动同一边的长绳，使两条长绳呈一上一下、一外一内相互交错起落的摇绳方式。

跳绳者：进绳方法是跳绳者要观察距离自己最近的长绳，待其摇至最低点时，迅速跑入两摇绳者之间的中心位置，首先跳过下落的另一条长绳，紧接着再跳过观察绳，以此方式循环跳绳；出绳方法是当跳绳者进入长绳中跳绳数量为单数时，如1、3、5、7……要从其进绳位置的对面方向跳出长绳，当跳绳者进入长绳中跳绳数量为双数时，如2、4、6、8……则要从其进绳位置的同侧方向跳出长绳。

（3）动作要求：摇绳弧度饱满，跳绳轻松自然。

## 三、交互绳双摇跳

（1）动作名称：交互绳双摇跳（图8-7、图8-8）。

图8-7　交互绳双摇跳（摇绳）

图8-8　交互绳双摇跳（摇跳配合）

（2）动作描述：

摇绳者：与基本内摇或外摇的动作相似，不同的是，摇动的两条长绳相互加速追赶，缩小了两长绳交替（内摇或外摇）之间的交互运动状态的距离，加速成“双次绳”相互追赶的摇绳方式。

跳绳者：在交互绳内完成一次起跳跳过“双次绳”的技术。

（3）动作要求：摇绳弧度饱满，跳绳轻松自然，节奏稳定。

## 四、交互绳中绳

（1）动作名称：交互绳中绳（图8-9、图8-10）。

图 8–9　交互绳中绳（单摇配合）

图 8–10　交互绳中绳（双摇配合）

（2）动作描述：摇绳和进绳方法同基本内摇或外摇。跳绳者携带单人绳进入交互绳的中心位置，首先跳过下落的观察绳，紧接着再跳过另一条绳，此时跳绳者开始在交互绳中摇跳自带的绳子，形成跳单人绳与跳交互绳保持相同的过绳节奏，并以此方式循环完成交互绳中绳技术。为了提高难度和观赏性，此动作可以进行交互绳双摇与单人绳双摇的配合，出绳方法与基本内摇或外摇跳（徒手跳交互绳）的方法一样。

（3）动作要求：摇绳弧度饱满，跳绳轻松自然，节奏稳定。

# B. 交互绳的提高技术

## 五、交互绳的步法跳配合

（1）动作名称：交互绳的步法跳配合（图 8-11）。

（2）动作描述：准备状态和摇跳状态同基本交互绳的配合方法，但是要求摇绳者和跳绳者在摇跳交互绳的同时加入脚步的动作，如开合、弓步、点地或吸腿、踢腿等下肢动作同时配合摇绳，形成交互绳的步法跳配合动作。

（3）动作要求：摇绳弧度饱满，摇绳与跳绳的步法相互协调配合。

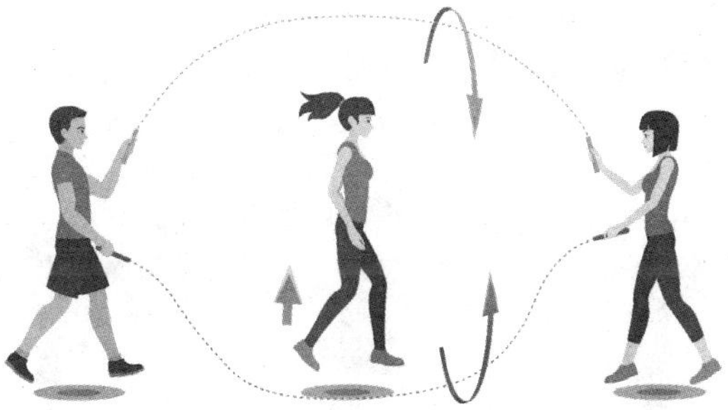

图 8-11　交互绳的步法跳配合

## 六、交互绳摇绳者与跳绳者的转换配合

（1）动作名称：交互绳摇绳者与跳绳者的转换配合（图 8-12、图 8-13）。

图 8-12　交互绳摇绳者与跳绳者的转换配合（1）

图 8-13　交互绳摇绳者与跳绳者的转换配合（2）

（2）动作描述：跳绳者在接近摇绳者的时候伸出左手（或右手），与摇绳者摇至最高点的手在空中交接绳柄，完成各种摇绳者与跳绳者角色转换的动作。

（3）动作要求：交互绳的弧度始终饱满，摇绳者与跳绳者交接绳子配合流畅。

## 七、交互绳三摇跳

（1）动作名称：交互绳三摇跳（图 8-14）。

图 8-14 交互绳三摇跳

（2）动作描述：

摇绳者：与交互绳双摇跳的动作相似，不同的是该动作缩小了两绳交替摇动时交互运动状态的距离，加速成“三次绳”相互追赶的摇绳方式。

跳绳者：在交互绳中完成一次起跳跳过“三次绳”的技术动作。

（3）动作要求：摇绳弧度饱满，跳绳轻松自然。

## 八、交互绳四摇跳

（1）动作名称：交互绳四摇跳（图 8-15）。

图 8-15 交互绳四摇跳

（2）动作描述：

摇绳者：与交互绳双摇跳的动作相似，不同的是该动作缩小了两绳交替摇动时交互运动状态的距离，加速成“四次绳”相互追赶的摇绳方式。

跳绳者：在交互绳中完成一次起跳跳过“四次绳”的技术动作。

（3）动作要求：摇绳从双摇过渡到四摇，摇绳衔接紧凑，绳子弧度饱满；起跳时机把握准确且起跳要高。

## 九、交互绳特殊摇法

（1）动作名称：交互绳特殊摇法（图 8-16 至图 8-18）。

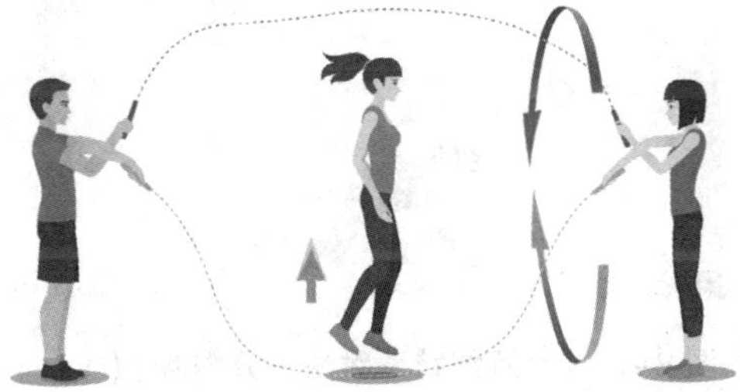

图 8-16　交互绳特殊摇法（交叉摇绳）

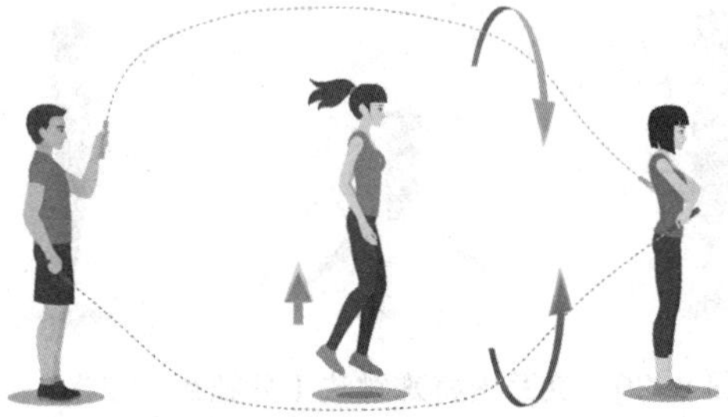

图 8-17　交互绳特殊摇法（转身半周）

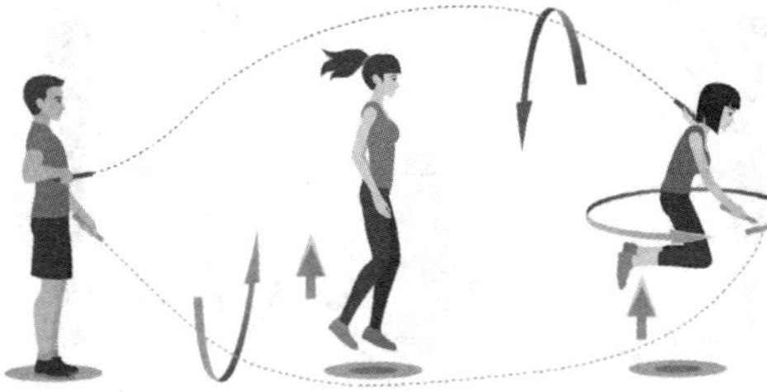

图 8-18　交互绳特殊摇法（转身一周）

（2）动作描述：在交互绳技术中，摇绳者可采用一些特殊手位或体位的摇绳方式摇绳，如各种手部交叉摇绳或者通过转身形成的双手肩上摇绳、一手体前一手背后摇绳、一手体侧一手背后摇绳等。

（3）动作要求：摇绳弧度饱满，双手协调配合，节奏稳定；出现需要转身完成的特殊摇绳时，摇绳者转身的角度要保持在 180 度。

## 十、交互绳特殊跳法

（1）动作名称：交互绳特殊跳法（图 8-19 至图 8-25）。

图 8-19　交互绳特殊跳法（分腿跳）(1)

图 8-20　交互绳特殊跳法（分腿跳）(2)

图 8-21　交互绳特殊跳法（仰撑跳）(1)

图 8-22　交互绳特殊跳法（仰撑跳）(2)

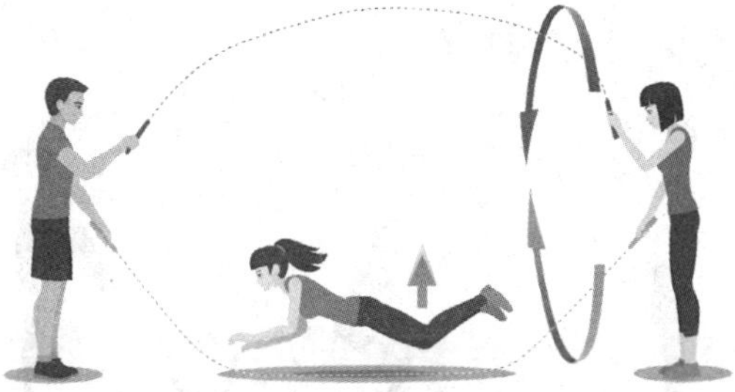

图 8-23　交互绳特殊跳法（俯撑跳）

图 8-24　交互绳特殊跳法（倒立跳）

图 8-25　交互绳特殊跳法（跳马）

（2）动作描述：跳绳者可采用一些体操技巧动作完成交互绳技术，如分腿跳、仰撑跳、俯撑跳、倒立跳、跳马等技巧动作。

（3）动作要求：各种特殊跳绳姿态要动作规范。

# C. 交互绳高级动作组合演示

## 十一、交互绳特殊摇法组合动作演示

交互绳特殊摇法组合动作演示如图 8-26、图 8-27 所示。

图 8-26　交互绳特殊摇法组合动作演示（1）

图 8-27　交互绳特殊摇法组合动作演示（2）

# 第九章　长绳花样

## 一、跳冲浪绳

（1）动作名称：跳冲浪绳（图 9-1）。

图 9-1　跳冲浪绳

（2）动作描述：

摇绳者：两人面对面站立，相互手持一条长绳的两端，使长绳呈"一"字形的静止状态。动作开始时，两人同时向跳绳者准备进绳的对面方向节奏均匀地上下摇动绳子。为了增加难度和提高兴趣，此动作也可设置平行放置的两条或两条以上的多排冲浪绳，其中每组摇绳者前后间距至少保持三米，动作开始时，每组的摇绳速度要保持一致。

跳绳者：排成一路纵队，面对长绳，与摇绳者形成"T"字形站立。动作开始时，跳绳者观察面前的长绳，待其摇至最高点时，迅速起动并跨越过正在下落的观察绳。如果是依次跳过两条或两条以上的冲浪绳，则要在通过第一条绳子后，不停顿且径直快速地跨越过再次出现在面前的长绳。

（3）动作要求：摇绳者的摇绳节奏要保持一致；跳绳者穿越冲浪绳时要果断迅速。

## 二、跳“十”字绳

（1）动作名称：跳“十”字绳（图 9-2）。

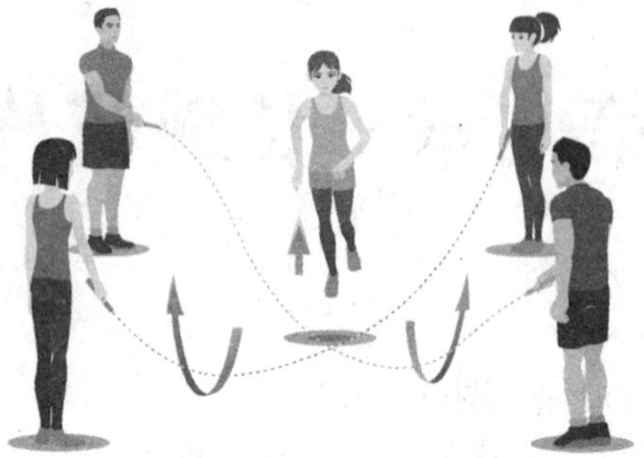

图 9-2　跳“十”字绳

（2）动作描述：

摇绳者：四人摇两条绳，其中两人摇一条长跳绳，相互手持一绳的两端面对面站立，使两条绳子呈“十”字形放置的静止状态。动作开始时，四人同时向跳绳者准备进绳的对面方向节奏均匀地上下摇动绳子。为了增加难度和提高兴趣，摇绳者可进行原地转身、移动中相互摇跳等配合。

跳绳者：观察“十”字绳，待其摇至最高点时，迅速跑至正在下落的“十”字绳的中点位置起跳过绳。

（3）动作要求：在“十”字绳的中心点位置起跳，摇绳者和跳绳者配合协调；摇绳者的摇绳幅度要饱满，摇绳速度要均匀。

## 三、跳网绳

（1）动作名称：跳网绳（图 9-3）。

图 9-3　跳网绳

（2）动作描述：

摇绳者：六人（或六人以上）摇三条（或三条以上）长绳，摇绳者两人一组，每组两人相互手持一绳的两端面对面站立，使三条长绳呈“米”字形（或三条以上的绳子形成网状）上下依次相叠放置的静止状态。动作开始时，摇绳者同时向跳绳者进绳时所在位置的对面方向摇动长绳。

跳绳者：观察网绳，待其摇至最高点时，迅速跑至正在下落的网绳中点位置起跳过绳。

（3）动作要求：在网绳的中心点起跳；摇绳者和跳绳者协调配合。

## 四、跳三角绳

（1）动作名称：跳三角绳（图 9–4）。

图 9–4　跳三角绳

（2）动作描述：

摇绳者：三人摇三条绳，三人各手持两绳的一端面对面站立，使三条绳子形成三角形的静止状态。动作开始时，三人同时向内或向外摇动绳子。

跳绳者：若干名，分别站在三角绳的周围或绳中，根据摇绳者摇绳的方向选择进入三角绳起跳的时机。三角绳换位跳的方法是跳绳者跳过脚下的跳绳后迅速跑至正对面任意一条摇动绳子的中点位置再次起跳过绳。

（3）动作要求：摇绳者摇绳节奏一致并与跳绳者一起成功完成配合动作。

## 五、跳“S”绳

（1）动作名称：跳“S”绳（图 9–5 至图 9–7）。

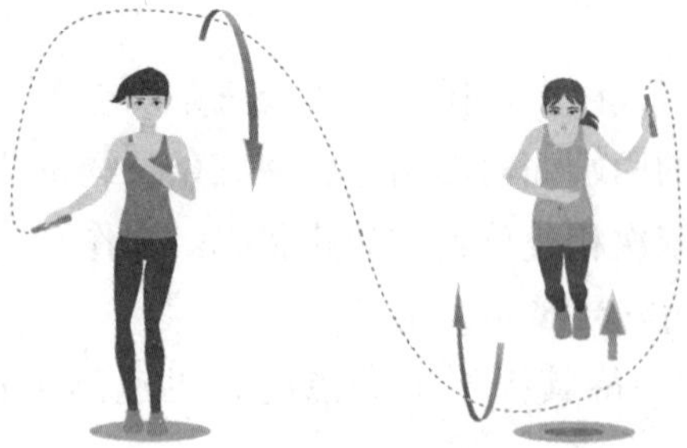

图 9-5 跳“S”绳（1）

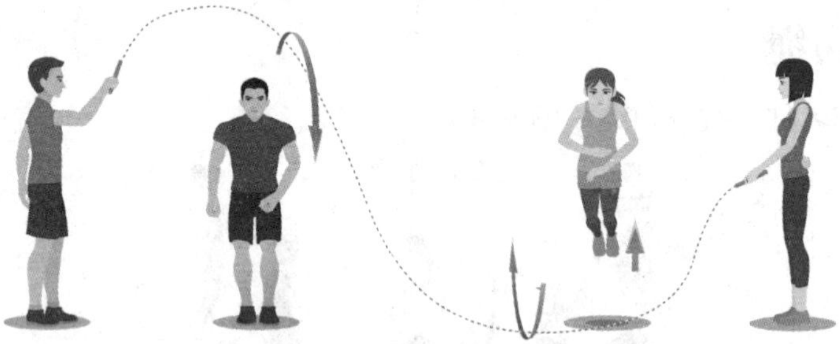

图 9-6 跳“S”绳（2）

图 9-7 跳“S”绳（3）

（2）动作描述：两名摇绳者手持一条不短于四米的长绳进行练习。动作开始时，一名摇绳者首先用持续的、快速的、匀速的、大幅度的手臂动作上下摇动跳绳，待绳子初步形成一上一下的波浪状态后，对面的摇绳者也随之加大摇绳幅度，使绳子形成上下波动的“S”形摆动状态。此动作常见的配合技术可分为摇绳者互摇互跳“S”绳、摇绳者与跳绳者角色分离配合跳“S”绳、“S”绳穿梭跳等，具体动作如下：

①摇绳者互摇互跳“S”绳。动作开始后，两名摇绳者将“S”绳摇起，各自向绳中迈一步进入“S”绳中，形成两人同时在“S”绳中自摇自跳的相互配合状态。

②摇绳者与跳绳者角色分离配合跳“S”绳。开始动作后，两名摇绳者保持“S”

形的摇绳状态，其他两名跳绳者则分别进入形成的两个绳圈中连续起跳，形成四人配合的“S”绳摇跳方式。

③“S”绳穿梭跳。摇绳动作开始后，若干名跳绳者站在其中一名摇绳者的身旁，在“S”绳摇动方向一侧排队站立，并依次迅速跑入近侧绳圈中起跳一次后不停顿地继续向前跑入另一个绳圈中再次完成起跳动作。

（3）动作要求：“S”绳的两名摇绳者要始终保持“我上你下，你下我上”的原则摇绳，并且摇绳的速度要保持匀速、摇绳的上下幅度要大；“S”绳跳绳者要果断迅速地进出跳绳完成各种动作。

## 六、单人绳的绳中绳花样

（1）动作名称：单人绳的绳中绳花样（图 9-8 至图 9-12）。

（2）动作描述：两人摇一条长绳，单人摇一条短绳，其余若干人在长绳中徒手跳绳。动作开始时，持长绳者首先摇动绳子，持短绳者和其他徒手跳绳者可在长绳中直接跳起，也可从摇动的长绳外侧进入起跳。在长绳中持短绳者摇动单人绳，与徒手跳绳者进行各种形式的单人绳套人配合动作。

（3）动作要求：摇绳与跳绳节奏保持一致，绳中绳套人跳绳技术要流畅。

图 9-8　单人绳的绳中绳花样（1）

图 9-9　单人绳的绳中绳花样（2）

图 9-10　单人绳的绳中绳花样（3）

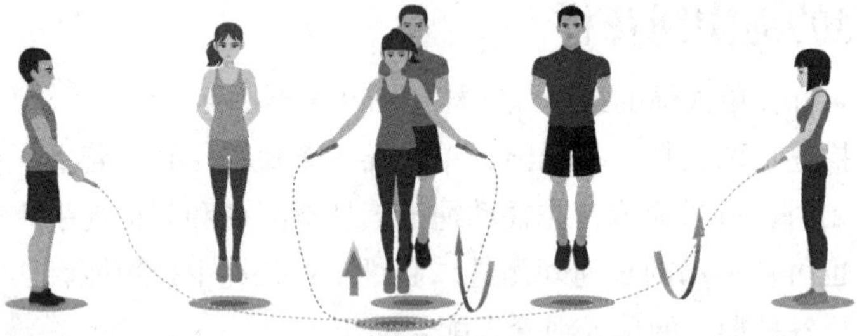

图 9-11　单人绳的绳中绳花样（4）

图 9-12　单人绳的绳中绳花样（5）

## 七、跳彩虹绳

（1）动作名称：跳彩虹绳（图 9-13）。

（2）动作描述：两人摇一条长绳，两人摇一条短绳，单人摇一条短绳带 1 人，分别按照三排各自持绳站立的方式，准备进行 6 人相互配合的绳中绳跳绳技术。动作开始时，第一排持长绳者首先向前摇动绳子。随后第二排持两人一短绳者观察长绳，待其摇至最高点时带入绳子跳入长绳，并在跳过长绳的同时摇动手中的绳子，此时形成在摇动的长绳中进行两人一绳摇跳的绳中绳配合方式。最后持单人绳者及位于其身前的徒手跳绳者观察长绳及两人一绳同时摇到最高点时，带入绳子跳入长绳中的两人一绳，在跳过长绳和两人一绳的同时，持绳者摇动手中的短绳进行绳中绳单人跳，此时形成长绳、两人一绳及单人绳带入跳法相结合的绳中绳配合技术。为了提高跳彩虹绳的难度和观赏性，可安排一名原地徒手的跳绳者进入单人绳，其要跳过所有的绳。

（3）动作要求：摇绳者要专注于绳子与跳绳者之间的相互配合。

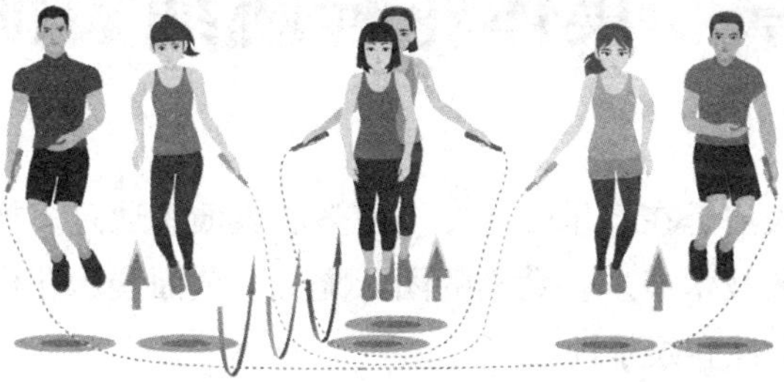

图 9–13　跳彩虹绳

## 八、贯通跳

（1）动作名称：贯通跳（图 9–14）。

（2）动作描述：两人摇一条长绳，另外一名手持单人绳的跳绳者站在其中一名摇长绳者的身体一侧。动作开始后，手持长绳的两名摇绳者原地摇动手中的长绳，同时手持短绳的跳绳者进行单人绳的并脚跳，并向两名持长绳者方向横向移动，在与第一名持长绳者进行前后套人的时候，持短绳者从其身后经过并与其左右肩并肩共同跳过短绳的同时还要跳过持长绳者摇动的长绳。然后继续在长绳中保持绳中绳的横向移动的跳绳状态（此时长绳与短绳是缠绕在一起的）。在完成与另一名持长绳者进行前后套人的时候，需要两人前后对齐并共同跳过持短绳者的单人绳，同时跳短绳者跳出长绳，分离短绳与长绳的缠绕，完成短绳套长绳的贯通跳。为了提高贯通跳技术的难度和观赏性，可在摇动的长绳中间位置安排一名原地徒手的跳绳者，在练习时要求持短绳者贯通套过所有摇绳和徒手跳绳者。

（3）动作要求：采用慢节奏的单人绳并脚跳技术并与长绳保持同步摇跳。

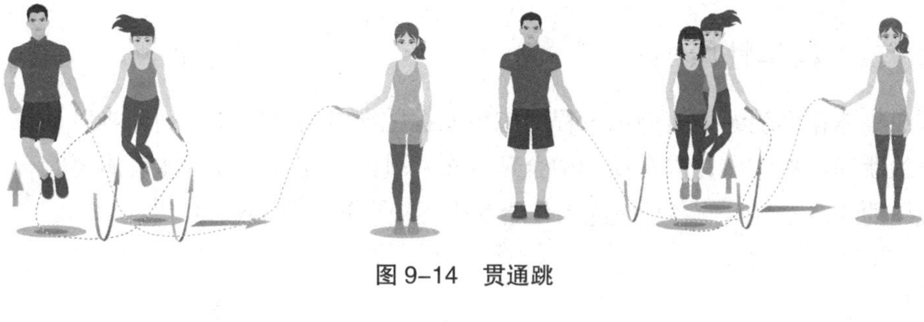

图 9–14　贯通跳

# 第十章　集体花样跳绳表演创编

集体花样跳绳表演是在音乐的伴奏下由多名表演者通过多样的表现形式、丰富的表现内容、娴熟的技术展现、默契的团队配合，全面展示花样跳绳运动动作的多样性、观赏性、创意性和娱乐性。

目前花样跳绳运动已经在国内外得到了快速的推广和普及，人们对其有了进一步的认识，花样跳绳所具有的表演性和观赏性也使其焕发出独特的魅力，得到了人们越来越多的关注和喜爱。

## 一、集体花样跳绳表演创编原则

集体花样跳绳表演的创编是花样跳绳根据相关规则要求、跳绳运动规律、跳绳者的水平等方面将各种跳绳动作融合情节、音乐、服装等要素，在一定的空间和时间范围内，进行想象、串联、提炼和加工，并有机结合成为一个完整表演的体育艺术创造性工作。在花样跳绳表演的创编过程中应遵循一致性、科学性、协同性、对比性和创新性等基本原则。这些原则不是孤立的，它们之间紧密相连，在创编实践过程中应认真体会、切实贯彻并合理运用。

### （一）一致性原则

集体花样跳绳表演的创编要与各种表演以及相关规则中的评分要求相一致；成套动作中选用的技术动作应该与花样跳绳发展方向以及跳绳者的年龄及身体素质情况相一致。

### （二）科学性原则

在集体花样跳绳表演创编过程中应该根据跳绳者的实际能力创编难度动作；各种类的跳绳动作应该在成套动作中合理分布；跳绳者完成花样跳绳表演要符合该运动规律的特点，尽量使各种跳绳动作看起来轻松自然、赏心悦目。

### （三）协同性原则

跳绳者通过各种跳绳技术进行相互间的协调配合是完成整套表演创编的基本要求，在此基础上要求跳绳者有良好的团队协作和集体主义精神，能够与其他同伴密切配合完成表演。在进行集体花样跳绳表演创编时要注意表演队形变化的合理性以及不同跳绳类别间衔接编排的流畅性，使整套花样跳绳表演可以呈现最佳的效果。

### （四）对比性原则

合理地利用对比性原则可以有效地提高集体花样跳绳表演的观赏性。在创编过程中应充分考虑音乐节奏强弱、快慢的对比，动作的动静、快慢、高低的对比，同时还应考虑服装与表演情节的对比，这些鲜明的对比往往能够给观众留下很深刻的印象。

### （五）创新性原则

创新是花样跳绳表演的生命，没有创新就没有进步。只有不断地创造出新的动作、新的组合、新的音乐、新的主题，才能充分发挥花样跳绳表演的独特魅力。集体花样跳绳表演编排的创新是一个永无止境的过程，要想创新就要充分理解各种表演和比赛规则，并且在符合花样跳绳运动技术特点和青少年身体发展规律的基础上进行大胆的想象和奇妙的构思，不断创造出新颖的花样跳绳动作。

## 二、集体花样跳绳表演创编要素

集体花样跳绳表演的创编主要由动作要素及主题要素构成，这两个要素是构成集体花样跳绳表演的基础。

### （一）动作要素

集体花样跳绳表演的动作要素包括动作难度、动作美感、动作类别和动作衔接四个部分。

**1. 动作难度**

动作难度是提高集体花样跳绳表演观赏性的一个重要因素，应该根据跳绳者的身体素质情况，结合音乐的节拍来设置不同种类跳绳花样的难度动作。但在实际的创编过程中，不能为了提高观赏性而一味地增加难度动作的数量，在一定程度上难度动作的数量和质量是成反比的。在创编过程中应该选择跳绳者已经掌握且能够比较熟练完成的动作来进行编排，以减少在表演中的失误。

**2. 动作美感**

动作是否具有美感是评判成套动作完成质量的重要依据。跳绳者在完成动作时姿态优美、神采奕奕、绳子弧度饱满，会大大提高成套动作的观赏性，同时也能获得跳绳技术上的较高评价。使跳绳者的动作具有美感，就要提高跳绳者动作完成质量的成功率和稳定性，跳绳者只有在轻松完成动作的前提下，才能够展现出熟练、自信的跳绳表演状态和风貌。

**3. 动作类别**

在集体花样跳绳表演中有很多种不同的花样跳绳技术类别，如单人绳、两人一绳、车轮跳、交互绳、长绳花样等，在成套动作创编时应根据评分标准及音乐的节奏、旋律充分地选用不同类别的花样跳绳动作来提高动作的观赏性。

**4. 动作衔接**

集体花样跳绳表演是由不同类别的多种花样跳绳动作串联而成，从一个类别转换为另外一个类别（如从单人绳的技术种类转换为车轮跳的技术种类）时，应尽量避免绳子运转停顿的现象出现，编排时应根据跳绳运转的轨迹合理地选择和创编衔接方法，使各种类别的跳绳动作转换巧妙流畅。如果整套表演中各个跳绳类别的动作衔接合理，那么表演就会如行云流水一般，令观众赏心悦目。巧妙流畅的动作衔接要求创编者有较为丰富的实践经验及想象能力。

## （二）主题要素

集体花样跳绳表演的主题要素包括互动情节、音乐运用和服装运用三个部分。

**1. 互动情节**

互动情节是反映集体花样跳绳表演作品主题思想的表达方法，创编时可设计各种“描绘积极健康”“反映美好向往”“突出青春活力”的表演思路，并根据这些表演思路排练相关的肢体语言加入跳绳表演，完成跳绳技术的同时也向观众表达出对情节主题的侧重，使集体花样跳绳成为真正意义上的“表演”，所有音乐和服装运用都应该围绕互动情节设计。

**2. 音乐运用**

在集体花样跳绳表演中，音乐的主要任务是为花样跳绳成套动作进行情绪上和力度上的烘托与渲染，提高成套动作的观赏性和艺术性。音乐的特征和节奏要与花样跳绳动作保持高度一致，表演音乐不能是几个片段的简单组合。选择的音乐必须能够表达成套动作的主题思想，同时还应该符合跳绳者的气质和技术特点，有些跳绳者身体素质好、富有活力，适宜采用节奏轻快的动感音乐，有些跳绳者身体柔软、动作舒缓，可以选用优美抒情的音乐。

花样跳绳表演创编过程中，音乐的选择是很重要的一个环节，应该根据不同主题思想尝试运用和编辑不同风格的音乐，创编出更多引人入胜的表演作品。

### 3. 服装运用

在集体花样跳绳表演的创编中，服装同样占据着非常重要的地位，亮丽的服装、特殊设计的服装、适应主题思想的服装都能给人眼前一亮的效果。根据成套动作的剧情或者主题进行设计，精心设计或者简单设计都能够增强成套动作的表演性和观赏性。

## 三、集体花样跳绳表演创编实例

表演主题：天空蓝。

表演时长：3 分钟。

表演人数：4 人。

主题思想：通过全面和形式多样的动作要素和主题要素创编表演，主要表达新一代青年人对雾霾天的厌恶，以及对蓝天、白云的美好向往。

### 第一段

时长：1 分 23 秒。

音乐设计：体现雾霾来袭的激烈、紧张的气氛。

内容设计：交互绳、街舞表演、单人绳。

服装设计：反映雾霾情节的黑色制服。

设计思路：开场通过一句配音“我们是雾霾！”引出表演情节。在雾霾中身穿背后印有骷髅的黑衣表演者上蹿下跳、躁动不安，体现出长期生活在雾霾污染压抑之下人们的情绪状态。动作选用交互绳花样的相互转换配合技术，以及在绳中展示的力量、体操类技术动作，结合紧张激烈的快节奏的音乐伴奏，将表演者躁动不安的情绪表现得淋漓尽致；再配合上令人眼花缭乱的街舞 breaking 动作和高难度的单人绳配合类技术组合，使表演气氛得到了进一步的渲染和烘托。在第一段的结束部分，随着配音“我们多么渴望蓝天白云，我们多么渴望清新空气……”表演者在雾霾中经过一段狂躁之后，终于因身心力竭而躺倒在地上。

## 第二段

时长：1 分 37 秒。

音乐设计：体现晴空万里、鸟语花香的欢快清新和从容舒缓相结合的氛围。

内容设计：绳中绳、车轮跳、太极拳表演、单人绳。

服装设计：反映蓝天情节的浅蓝色 T 恤。

设计思路：“一阵大风吹散了雾霾”（配音），表演者重新焕发活力，伴随着轻快的音乐进行长绳花样以及多人车轮跳的精彩表演展示。这段表演音乐欢快，表演者动作也很轻松、流畅，给人一种风雨之后见彩虹的畅快感。其中插入了一段柔和的太极拳表演，与前面活泼、轻快的音乐形成对比，给人一种放松和心旷神怡的感觉。随后音乐再次回到欢快活泼的节奏，此时进行精彩的单人绳集体表演，最后加上一个漂亮的持绳造型和“天空蓝”的横幅，突出了主题并给整个表演画上一个圆满的句号。